상상의 이해와 교육

상상의 날개, 학교에서 펼치다.

상상의 이해와 교육

이시은, 박병기 지음

전북대학교출판문화원

서문

역사 속에서 상상이 힘을 발휘하지 않은 적이 없었다. 지금까지 인류 발전에 이바지한 혁신적인 변화들은 현재보다 더 나은 것을 꿈꾸는 상상력이 있었기 때문에 가능한 것들이었다. 1차 산업혁명의 기계화, 2차 산업혁명의 대량생산화, 3차 산업혁명의 정보화에 이어 4차 산업혁명은 정보화 기기와 데이터를 활용하는 사물인터넷(IoT), 가상현실(VR) 및 인공지능(AI)과 같은 응용 기술로 미래를 꿈꾸고 상상할 수 있는 인류 발전의 변곡점이 되었다. 1, 2차 산업혁명이 자원의 개발과 활용에 기반을 두었다면 3, 4차 산업혁명은 정보의 개발과 활용에 기반을 두고 있다. 앞으로 이어질 미래사회는 4차 산업혁명을 발판으로 무엇을 상상하여 실현할 수 있는가에 달려있을 것이다. 그동안 폭발적으로 쌓아 온 수많은 정보와 정보처리 기술을 소유하는 것보다 상상력을 바탕으로 남들과 다르게 활용하는 것이 중요한 시대가 오는 것이다. 미래사회를 준비하는 역량인 상상력에 대한 폭넓은 이해가 필요한 때이다.

상상은 현실 세계를 벗어나 가상의 세계를 마음속에 그리는 것이기 때문에 누구든지 시간과 장소의 제약을 받지 않고 자유롭게 할 수 있다. 하지만 급변하는 미래사회에 이끌어갈 학생들을 위해서는 상상의 자유 속에서도 상상력을 어떻게 발휘하고, 어떻게 활용할 수 있는가 등에 대한 섬세한 교육이 필요하다.

이 책은 미래사회의 핵심 역량인 상상의 이해를 돕고, 상상교육에 대한 제언을 하기 위한 것이다. Ⅰ장은 상상에 대한 기본적인 이해를 위하여 사람들이 어떠한 상상을 하고, 왜 상상을 하며, 상상하면 어떤 영향을 받는지 등을 발달, 동기, 인지, 성격 및 신경심리학적으로 해석한 것이다. Ⅱ장은 상상의 개념을 정의하고, 상상의 본질을 들여다볼 수 있는 상상의 구조를 살펴본 것이다. Ⅲ장은 연속적으로 이루어지는 상상의 과정을 단계화하여 상상력이 발휘되는 작동 기제를 살펴본 것이다. Ⅳ장은 앞서 살펴본 상상의 구조와 과정을 중심으로 실제 상상 작품을 구조적, 과정적으로 해석한 것이다. Ⅴ장은 상상교육에 대한 이해를 돕기 위해 상상교육의 가능성, 필요성 및 교육의 원리를 살펴본 것이다. Ⅵ장은 상상 교육이 학교 현장에서 체계적으로 이루어 질 수 있도록 상상교육의 목표, 내용 및 방법 등을 제안한 것이다. Ⅶ장은 학생들의 상상 활동을 통합적으로 깊이 있게 이해하고 상상교육의 효과를 검증할 수 있는 상상 척도에 대한 것이다.

상상은 사람들의 의식을 확장하고 공감을 촉진하며 대안적 현실을 구상할 수 있도록 한다. 더 나은 미래를 그리며 사회적 세계에서 힘을 발휘한다. 미래사회를 준비하는 시점에 이 책으로 상상의 가치를 새롭게 생각하고, 상상교육의 효용성에 대해서 고민하는 시간이 되기를 기대한다. 마지막으로 오랜 시간 동안 상상 연구를 함께 고민해주시고 응원해주신 박병기 교수님께 진심으로 감사드린다. 또 상상연구에 참여해준 나의 제자들에게도 감사하며 이들이 가장 행복할 수 있는 어딘가에서 웃고 있는 모습을 늘 상상한다.

목차

2부

상상교육

1부

◆

상상의 이해

I

상상의
심리학적 이해

"상상은
마음속을 탐험하는 일이다."

우리 사회는 정보화 시대를 지나 상상의 시대에 빠르게 접근하고 있다. 급변하는 미래사회에 빠르게 대처하기 위해서는 언제든 사회의 흐름에 발맞추어 변화할 수 있는 준비가 되어있어야 하는데, 상상력은 빠르게 변화하는 사회의 중심에서 중요한 역할을 한다. 상상은 현실 세계에서의 조건을 자유롭게 가공하여 새로운 가상 세계를 구상하는 기회를 제공하기 때문이다. 또한, 가상 세계이기 때문에 무한히 번복하며 현실에서의 시행착오를 직접 겪어내지 않고 새로운 시대에 걸맞게 효율적으로 전환할 수 있도록 한다. 지금 여기를 기준으로 알고 있는 지식을 넘어 가상의 상황을 마음속에 그리는 상상은 미래사회에서 더욱 중요해질 것이다.

그동안에도 상상은 인간이 가지는 공통적인 사고 능력으로 의식의 흐름에 관여하여 개인의 삶에 영향을 미쳐왔다. 예를 들어 내가 꿈꾸던 것이 이루어지는 상상은 현재의 삶을 다듬고 미래를 향해 나아가도록 하며, 오늘 아침 뉴스의 주인공이 내가 되는 상상은 설령 미래의 삶을 설계하는데 크게 기여하지 못할지라도 오늘 하루를 기분 좋게 시작할 수 있도록 한다. 상상은 개인의 삶에 깊숙이 관여하여 현재의 삶을 다채롭게 만든다. 상상은 개인의 삶을 넘어 인류 문명의 발달에도 큰 원동력이 되어왔다. 오래전 불가능할 것이라 여겨지던 전기자동차는 과학 기술의 힘을 빌려 오늘날 실현되었고 우리 삶 속에서 상용화되었다. 상상 속에 머물며 현실 세계에서 불가능한 것처럼 여겨지던 것들도 어느새 실현되어 새로운 사회를 여는 전환점이 되었다. 이처럼 상상은 개인의 삶을 비롯하여 인류 문명의 발달에 영향을 미치고, 더 나아가 미래사회를 이끌어갈 핵심 사고가 될 것이다. 상상은 의식의 흐름에 항상 영향을 미치고 있어서 쉬워 보이지만 실은 매우 복잡한 사고 과정을 거쳐 작동한다. 오랫동안 연구되어 온 상상은 최근에서야 상상의 사고 활동에 초점을 맞추어 본질적으로 연구되기 시작하였다. 여러 심리학자들이 상상의 사고 활동에 관심을 가지고 다양한 측면에서 연구하고 있다. 이 장에서는 상상에 대한 기본적인 이해를 돕기 위하여 심리학 측면에서 사람들이 어떠한 상상을 하고, 왜 상상을 하며, 상상하면 어떤 영향을 받는지 등을 살펴볼 것이다.

1. 상상은 언제부터 할 수 있을까?

아기들이 태어나 걸을 수 있게 되기까지는 혼자서 앉기, 두 손 두 발로 기어 다니기, 기대지 않고 두 발로 서기 등의 발달 단계를 거친다. 상상은 어느 시기부터 시작되며 어떤 단계를 거쳐 이루어질까? 상상의 발달에 대해 알아보기 위해서는 발달심리학적 관점에서 상상과 관련된 다양한 능력들에 대하여 살펴볼 필요성이 있다.

우리는 어렸을 때 엄마, 아빠를 흉내 내며 놀이를 하거나 소꿉놀이 장난감으로 실제처럼 음식을 만들어 먹는 흉내를 냈던 경험이 있을 것이다. 유아들이 가상의 인물 또는 물건으로 놀이하며 현실 세계를 탐색하는 것을 가상놀이(pretend play)라 한다.[1] 상상은 유아의 가상놀이에서부터 시작된다. 유아들은 가족 역할 놀이에서 가상으로 내가 엄마, 아빠가 되었다고 상상한다. 소꿉놀이에서 음식 모양 장난감을 실제처럼 요리하며 먹을 수 있다고 상상하며 가상놀이를 한다.

가상놀이는 유아기에 쉽게 나타나는 것이다. 하지만 가상놀이에 포

1 Harris(1991/2000)

함된 상상 활동은 간단치 않은 것이어서 여러 가지 사고의 발달이 뒷받침되어야 한다. 상상은 인과적 사고, 상상과 현실 세계의 구분, 사후가정 사고, 마음이론, 만족지연, 언어 및 정서 등의 발달과 관련이 있다.[2]

'인과적 사고'는 상상을 원인과 결과로 전개할 때 필요한 능력이다. 유아들은 장난감 음식이 뜨겁게 조리되었다고 상상한 다음, 뜨거운 음식인 것처럼 후후 불어가며 먹는 상상을 인과적으로 할 수 있다. 이러한 사고 능력은 2세 무렵 발달하기 시작하며 이 시기 유아들은 가상놀이를 통해 가상의 상황을 설정하고, 원인과 결과에 따라 상상을 연이어 전개해 나갈 수 있다.[3]

'상상과 현실 세계의 분리'는 현실 세계에서의 객관적인 사실을 잠시 유보한 채 상상하는 것이다. 가상놀이에서 유아들은 내가 요리한 음식을 갑자기 나타난 괴물이 모두 먹어버리는 상상을 하기도 한다. 이러한 상상은 유아들이 괴물이 존재하지 않는 현실 세계의 논리를 유보하고 가상의 이야기를 전개하는 것이다. 2세 무렵부터 발달하는 이 능력은 성인기까지 이어지지만 유아가 성인보다 현실 세계 논리에 대한 지식이 충분치 않기 때문에 유아의 상상이 성인보다 자기중심적인 경향이 있다.[4]

'사후가정 사고'는 이미 현실에서 일어나버린 결과가 아니라 이 결과 대신 일어났을 수도 있는 상황을 상상하는 것과 관련된다. 모래 놀이 도구를 챙기지 못해서 모래성을 쌓지 못한 유아들은 모래 놀이 도구를 챙겨와서 멋진 모래성을 만드는 상상을 할 수 있다. 인과 관계가 있는 현실 상황에서 현실의 결과 대신 발생할 수 있는 또 다른 상황을 상상하는 사

---

2 이시은(2016)
3 Harris(1991/2000)
4 Harris(1991/2000)

후가정 사고는 3~4세 무렵부터 발생하여 유아 상상에 영향을 미친다.[5]

'마음이론'은 자신과 타인의 마음 상태를 이해하는 것으로 지각·의도·동기·사고·정서 등 다양한 영역에서 추론, 공감, 행동에 영향을 미친다.[6] 발달심리학의 근간을 마련한 피아제[7]에 의하면 3~4세 유아들은 자기중심성이 강하여 타인의 생각이나 관점이 자신들과 다를 수 있다는 것을 이해하지 못하기 때문에 잘못된 신념을 가질 수 있다. 상상을 위해서는 현재가 아닌 시점을 바라볼 수 있는 능력이 필요한데 3~4세 유아들은 잘못된 신념일지라도 현재 자신이 확신할 수 있는 것만 믿는 경향이 있어서 상상을 잘 하지 못하기도 한다. 이후 잘못된 신념으로부터 사고가 발달하면 세상에 대한 다양한 관점을 수용할 수 있는 능력이 생기고 현재가 아닌 미래의 자신을 바라보며 상상할 수 있게 된다. 이러한 능력은 4세 무렵 발달한다.[8] 현재 경험하고 있지 않은 가상의 상황을 상상하는 것은 3~4세에 일반적으로 일어나는 현상이 아니지만 5세 무렵에는 쉽게 일어나는 현상이다.[9]

'만족지연'은 즉각 행동하려는 충동을 억제하고 더 가치가 있거나 바람직한 보상을 위해 기다리는 것이다.[10] 이것은 더 나은 미래를 상상하기 위하여 현재의 요구를 억제하는 억제적 통제 기술과 관련된다. 시험에서 100점 맞는 상상을 하면서 현재 친구와 놀고 싶은 마음을 억제하는 것이 그 예이다. 이러한 능력은 4세 무렵 발생한다.[11]

---

5 Byrne(2005)

6 Premack & Woodruff(1978)

7 스위스의 아동 심리학자(1896-1980)

8 Atance & O'Neill(2005)

9 Atance & Meltzoff(2005)

10 Mischel, Shoda, & Rodriguez(1989)

11 Wellman, Cross, & Watson(2001)

'언어 능력'은 2세부터 발달하기 시작하며 부모의 언어로부터 영향을 받아 발달하기 시작한다. 언어는 유아에게 중요한 인지적 도구로서 상상 활동에도 영향을 미친다. 언어를 기반으로 사회문화적 현상을 수용하는데 이것이 상상 활동의 기저가 되기 때문이다.[12]

'정서'는 상상 활동에 필수적으로 수반되는 것으로 상상에 얼마나 몰입하느냐에 따라 정서의 강도가 달라진다. 예를 들어 롤러코스터 타는 것을 상상한다면 얼마나 몰입했느냐에 따라 긴장감을 느끼는 정도가 다를 것이다. 일반적으로 6세 이상이 되면 상상 활동에서 일어나는 정서를 성인들처럼 조절할 수 있게 된다.[13]

상상의 발달 연구를 종합하면, 상상은 3세에서 4세 사이에 시작되고, 5세부터는 자아중심적인 경향이 있긴 하지만 성인과 같은 방식으로 상상할 수 있게 되며, 이러한 능력은 성인기까지 지속적으로 발달한다. 상상력이 유아기를 넘어 성인기까지 발달하는 것임에도 불구하고 상상의 발달에 대한 연구는 대부분 유아기 상상을 중심으로 이루어져 있다. 학령기 아동의 상상력 발달 단계에 대한 연구는 아직 부족한 편이다. 상상력 발달의 연속적인 연구를 위해서는 학령기 아동의 상상에 대한 연구도 필요하다. 특히 학교 교육의 대상이 되므로 학령기 아동의 상상력 발달 단계를 연구하고 이를 토대로 상상 교육 방법을 함께 연구해야 할 것이다.

12 Atance & Metcalf(2013)

13 Harris(1991/2000)

2. 사람들은 왜 상상할까?

상상은 가상의 세계를 마음속으로 그리는 것이기에 실현가능성을 보장할 수 없다. 그럼에도 불구하고 사람들은 왜 유아기부터 성인에 이르기까지 상상하는 것일까? 동기심리학은 사람들이 어떤 행동을 하게 되는 원인을 연구하는 것이다. 이 장에서는 동기심리학 관점에서 사람들이 어떤 이유로 상상을 하게 되는지 살펴볼 것이다.

상상의 동기는 정서 조절과 깊은 관련이 있다. 상상은 정서적 목표를 성취하기 위한 수단으로 일어나는 경우가 많기 때문이다. 사람들은 상상으로 인해 정서 유지, 자유 환상, 정서 개선, 자기 보호 등 4가지의 정서적 효과를 얻을 수 있다.[14]

'정서 유지'는 현재의 정서가 긍정적 상태일 때 앞으로도 긍정적 정서를 계속 유지하기 위해 상상하는 것이다. 현재 여행지에서 즐거운 기분일 때 이 기분을 유지하기 위해 집으로 돌아가지 않고 여행을 계속한다고 상상하는 것이 그 예이다. '자유 환상'은 현재와 상관없이 미래에 일

---

14 Sedikides & Strube(1997), Sanna(2000)

어날 어떤 행복한 일을 자유롭게 상상하는 것이다. 세계 여행을 꿈꾸는 사람이라면 60살이 되었을 때 크루즈를 타고 세계를 여행하는 상상을 하여 행복한 기분을 느낄 수 있다. '정서 개선'은 현재의 정서가 부정적 상태이고 이것을 긍정적 정서로 개선하기 위하여 상상하는 것이다. 현재 갑작스럽게 여행이 취소되어 집에 머무르게 되어 기분이 좋지 않다면 집에 친구들을 초대하여 즐겁게 시간을 보내는 상상을 하거나 여행을 갔더라도 힘든 일이 일어날 상상을 하며 기분을 긍정적으로 전환하는 것이 그 예이다. '자기 보호'는 미래에 일어날지도 모르는 어떤 불행한 일을 상상하며 이것으로부터 자신을 보호하고자 하는 것이다. 여행을 가기 전에 혹시 여행지에서 아프거나 다칠지도 모르는 상황을 상상하며 비상약을 준비하는 것으로 자신을 보호하는 것이다.

상상은 일상생활 속에서 우연히 촉발될 수도 있고, 필요에 의해 의도적으로 일어날 수도 있다. 전자를 자발적 상상(spontaneous imagination)이라 하고, 후자를 통제적 상상(controlled imagination)이라 한다.[15] 연구에 따르면 정서 유지와 자기 보호를 목표로 하는 상상은 자동적으로 일어나는 경우가 많다. 반면 자유 환상과 정서 개선을 위한 상상은 일반적으로 의도를 가지고 의식을 통제하며 일어나는 경우가 많다.[16]

현재 당면하고 있는 상황은 상상의 방향을 결정하는 데 영향을 주기도 한다. 현재보다 좋은 결과를 상상하는 것을 상향식 상상, 현재보다 나쁜 결과를 상상하는 것은 하향식 상상이라 한다.[17] 현재보다 더 좋은 상향식 상상을 할 때 상상 속으로 동화되면 긍정적 정서를 갖게 되고,

15 Liang, Chi-Cheng, Chang, & Li-Jhong(2012)

16 Sanna(2000)

17 Sanna(2000)

현재보다 더 나은 상상과 현실을 대조 평가하면 현실을 비판하게 된다. 예를 들어 여행을 가지 못한 사람이 여행을 갔다고 상향식 상상을 할 때 상상 속으로 동화되면 행복함을 느끼고, 여행을 가서 즐거웠을 상상과 여행을 가지 못한 현실 상황을 대조 평가하면 현실을 비판하게 되는 것이다. 또한, 현재보다 나쁜 결과가 일어나는 하향식 상상을 할 때 상상 속에 동화되면 부정적 정서를 일으키게 되고, 현재보다 나쁜 결과가 일어난 상상과 현실을 대조 평가하면 현실에 만족하고자 하게 된다. 예를 들어 교통사고가 날 뻔했지만 무사했던 사람이 교통사고가 일어났다고 하향식 상상을 할 때 상상 속에 동화되면 두려움을 느끼게 되고, 실제로 사고가 나서 다쳤을 상상과 사고가 나지 않은 현실 상황을 대조 평가하면 현실에 안도감을 느끼게 되는 것이다.

상상의 동기에는 개인의 특성도 반영된다. 방어적 비관론자들은 상향식 상상과 현재를 대조 평가하며 현재를 비판적으로 보고, 낙관론자들은 하향식 상상과 현재를 대조 평가하며 현재에 만족한다. 자존감과 자기효능감이 높은 사람들은 상향식 상상에 동화되어 긍정적 정서를 느끼고, 하향식 상상과 현재를 대조 평가하여 현재 상황에 만족한다. 하지만 자존감과 자기효능감이 낮은 사람들은 상향식 상상과 현재를 대조 평가하여 현재 자신의 모습에 만족하지 못하곤 한다. 상상의 동기에서 개인차는 상상교육에 시사하는 바가 있다. 상상교육은 학생들의 다양성을 고려하여 이루어질 때 상상교육의 효과를 극대화 시킬 수 있다.

◆

3. 사람들은 무엇을 상상할까?

◆

상상은 학자들의 오랜 연구 주제였지만 심리학 측면에서 관심을 가지게 된 것은 그리 오래되지 않았다. 상상이 심리학 관점에서 연구되기 시작하면서 학자들은 상상의 특성을 밝히고자 노력하였다. 특히 인지심리학자들은 사람들이 무엇을 상상하는지 연구하고 있다.

비고츠키[18]에 의하면 상상은 이전에 경험한 모든 요소를 활용하여 새로운 것을 만드는 활동이다. 상상은 현실에서 지각된 경험을 토대로 하지만 상상의 전개는 현실 세계를 벗어나 가상 세계를 다루는 것이기 때문에 현실적 제약을 받지 않고 자유롭게 이루어진다. 다양한 형태와 내용으로 구성되는 가지각색의 상상을 범주화하는 것이 불필요한 일처럼 여겨 지지만 상상에 대한 심리학적 이해를 돕기 위해서는 다음과 같이 상상을 다양한 범주로 구분하여 살펴볼 필요가 있다.

상상 '주제' 측면에서 상상은 일상생활 속에서 빈번하게 떠오르는 일상적 상상과 발상의 전환을 이끄는 창의적 상상으로 구분할 수 있다.[19]

---

18 Vygotsky(1930/2004)

19 Byrne(2005)

일상적 상상은 매일매일 비교적 쉽게 일어나는 편이다. 내가 어제 시험공부를 1시간 더 했다면 오늘 시험에서 틀리지 않았을 상상, 친구가 실수를 숨기지 않고 나에게 사실대로 말했다면 다투지 않았을 상상 등 일상에서 과거를 돌이키며 새로운 가능성을 떠올리는 상상은 언제든 일어난다. 이미 일어난 일일지라도 '~했더라면'이라는 상상은 새로운 가능성을 기대하며 일어난다. 내가 지각하고 있는 어떤 과거 사건에서 실제로 일어났던 선행조건들을 낱낱이 분해하고, 이 중 1~2개 조건을 수정하여 '~했더라면'이라고 가정한다. 이에 따라 달라질 수 있는 여러 가지 결과들을 인과적으로 조합하여 상상하는 것이다. 예를 들면 실제로는 시험공부를 3시간 했지만, 상상에서는 시험공부를 6시간 했다고 수정하여 시험에서 틀리지 않았을 결과를 기대하는 것이다. 이것을 사후가정 상상(counterfactual imagination)이라 한다.[20] 사람들은 행동하지 않아서 나쁜 결과를 얻었을 때보다 행동하고 나쁜 결과를 얻었을 때 후회와 함께 '만약에~'를 상상하는 경우가 더 많다.[21] 따라서 사후가정 상상은 일상생활 속에서 빈번하게 일어하곤 한다.

일상적 상상과 구별되는 창의적 상상은 현실적 조건에 대한 제약 없이 이루어지는 경우가 많다. 현실적 제약으로부터 자유로워서 일상을 뛰어넘는 독창적인 상상이 되는 경우가 많다. 예를 들어 전봇대 없이 전기를 공급하는 방법, 무인으로 배달하는 방법 등을 위한 상상은 일상에서의 문제해결을 위해 시작되었지만, 일상을 뛰어넘는 창의적 상상으로 이어질 수도 있다. 창의적 상상이 언제든 쉽게 일어나는 것은 아니지만 사회적 요구와 부합한 시대의 전환을 이끄는 상상이 될 수 있다.

---

20 Byrne(2005)

21 Kahneman & Tversky(1972)

상상 '시점' 측면에서 살펴보면 상상은 현재의 시간을 초월하여 과거 또는 미래에 대한 상상으로 구분 할 수 있다. 사람들은 과거에 일어난 일을 되돌아보며 상상하거나 미래에 일어날 수 있는 일을 상상한다. 내가 과거에 친구에게 양보하였다면 다투지 않았을 상상은 과거에 대한 상상이고, 미래에 살고 싶은 집에 대한 상상은 미래에 대한 상상이다. 사람들은 과거와 미래를 자유롭게 오가며 상상할 수 있다. '정신적 시간 여행(mental time travel)'에 대한 연구에 따르면 상상을 통해 과거 사건에서 추출한 것을 바탕으로 과거로 돌아가 사건을 새롭게 경험할 수도 있고, 미래로 나아가 사건을 미리 경험할 수도 있다.[22] 상상을 통해 과거 시점으로 자신을 투사하면 현재 친구와 다투어 만나고 있지 않지만, 상상 속에서는 화해하였다고 가정하며 새롭게 이야기를 구성할 수 있다. 미래 시점으로 투사하면 미래에 내가 살고 싶은 집을 상상하며 그 집에서 생활하는 모습을 마음속에 그릴 수 있다.

무엇을 상상하느냐는 사람들이 어떤 경험을 기억하여 상상하는가에 따라 달려있다. 개개인의 경험에서 비롯되는 상상은 기억과 밀접한 연관성이 있다. 초등학생의 상상에 대한 연구에서도 약 85%의 학생들이 자신의 경험을 기억 속에서 환기하여 상상한다는 것을 밝힌 바 있다.[23]

22 Suddendorf & Corballis(1997, 2007)

23 이시은(2016)

4. 상상은 우리에게 어떤 영향을 미칠까?

급변하는 시대의 흐름 속에서 때론 상상이 우리들의 적응기제가 되어 줄 수도 있다. 적응기제란 적응 과정 중 직면하게 되는 문제 상황에서 겪는 심리적 갈등을 해결하기 위해 선택하는 행동 양식을 말한다. 당면한 문제의 직접적 해결을 시도하지 않고 현실을 왜곡시켜 자신을 보호하는 '방어 기제', 정서적 긴장이나 불안감을 해소하기 위하여 문제 상황이 존재하는 현실 세계에서 벗어나 정서적 안정을 추구하는 '도피 기제', 욕구충족의 과정이 방해되었을 때 방해요인을 공격하여 정서적 긴장을 해소하는 '공격 기제'로 분류된다.[24] 첨단 과학 기술의 발달과 함께 빠르게 변화하는 사회에서 우리는 이제까지 경험해보지 못하던 것들을 새롭게 접하고 있다. 사람들은 새로운 시대에 적응하기 위하여 방어, 도피, 공격 기제 등을 활용하는 과정에 자신의 상상을 동원하기도 한다. 이를테면 첨단 기술이 오히려 사람들을 불편하게 만들었으니 첨단 기술을 사용하지 않고 자연주의로 사는 방어적인 상상, 과학 발전이

---

24 안범희(2009)

되지 않는 곳에 가서 사는 도피적인 상상, 과학 기술을 모두 사라지게 만드는 공격적인 상상 등을 할 수 있는 것이다. 발 빠른 적응이 요구되는 미래사회에서 상상은 그동안 우리가 기대하지 못했던 곳에서도 발휘될 것이다. 상상의 시대에 당면하고 있음을 인정하지 않을 수 없다.

상상은 인지적, 정서적, 행동적, 창의적 측면에서 개인의 삶에 영향을 미친다. 먼저, 인지적 측면에서 상상은 의사결정 및 문제해결 과정과 관련이 있다.[25] 의사결정 및 문제해결 방법으로 할 수 있는 여러 가지 가능성을 상상하고 이를 대조 평가하여 최선의 것을 선택한다. 예를 들어 크리스마스 파티 장소를 결정하려고 할 때, 여러 개 장소에서의 상황을 미리 상상하는 것은 대조 평가의 근거 자료가 되고, 최선을 선택하도록 돕는다. 이것은 학습 과정에도 적용되어 문제해결 과정을 지원하고 학업 성취 향상에 긍정적 영향을 미친다.[26]

정서적 측면에서 상상은 정서 조절과 깊은 관련이 있다. 긍정적 상황은 긍정적 정서를 유지할 수 있는 상상을 이끌고, 부정적 상황은 부정적 정서를 개선할 수 있는 상상을 이끌어 정서 조절에 영향을 미친다.[27] 올림픽에서 은메달을 딴 선수는 동메달을 딴 선수보다 더 큰 부정적 정서를 가질 수 있다. 내가 조금만 더 잘했다면 금메달을 딸 수 있었을 것이라는 아쉬운 마음에 좌절 및 후회의 감정을 느끼고, 동메달을 딴 선수는 내가 조금 더 못했더라면 메달을 따지 못했을 수도 있었는데 다행이라는 마음에 안도의 감정을 느끼기 때문이다. 이처럼 어떻게 상상하느냐에 따라 정서는 다른 방향으로 나아갈 수 있다. 은메달을 딴 선

25 Walker & Gopnik(2013)

26 Thomas & Brown(2011)

27 Gaesser & Schacter(2014), Roese, Sanna, & Galinsky(2005)

수에게 경기에서 실수하여 메달을 따지 못했을 상황을 떠올리도록 하면 좌절과 후회는 긍정적 정서로 전환될 수 있을 것이다. 이러한 하향식 상상은 부정적 정서를 일으키는 상황에서 현재보다 더 어려운 상황을 상상하는 것으로 부정적 정서를 극복할 수 있도록 한다. 이처럼 정서 조절 효과가 있는 상상은 심리 치료에도 활용된다. 상상은 정서 불안, 왜곡된 스키마, 분열 및 편집증을 겪는 사람들에게 정서적 안정 및 증상 완화를 위한 수단이 되기도 한다.

행동적 측면에서 상상은 문제 행동을 수정하거나 운동 및 직업 기술수행 능력 향상을 위한 시뮬레이션 과정에서 작동한다.[28] 운동 목표에 도달하는 과정을 단계별로 상상하면 운동 능력 향상에 효과적이라는 실험 결과가 있다.[29] 다이빙 선수들이 다이빙대에 서서 자세를 낮추어 입수하기까지의 과정을 실제로 훈련하지 않더라도 동작을 단계별로 나누고 머릿속으로 시뮬레이션하여 상상하면 운동 능력 향상에 영향을 미친다. 또 자신이 원하는 행동 결과를 상상하는 것만으로도 기분이 좋아지기 때문에 행동 수정 및 운동 능력 향상에 영향을 미친다. 연구자들에 의하면 이러한 효과는 본능적이거나 저절로 일어나는 현상이 아니기 때문에 상상을 긍정적으로 활용하기 위하여 적극적으로 노력해야 한다.

창의적 측면에서 상상은 창의성과 관련된다. 상상과 창의성은 창의적 사고 과정을 포함하고 있기 때문이다. 상상은 창의적 산출물에 연연하지 않는 사고 과정이고, 창의성은 창의적 사고 과정을 거쳐 창의적

---

28 Arcavi(2003), Schacter, Addis, & Buckner(2008)

29 Taylor, Pham, Rivkin, & Armor(1998)

산출물을 완성하는 실제 활동이다.[30] 상상은 창의적 사고 과정에 작용하여 창의적 산출물을 생산하는 것에 기여한다.[31] 예술 작가는 작품을 만들 때 무한한 상상 속에서 새로운 작품을 구상하고 창의적으로 형상화한다. 예를 들어 바다 위를 걷는 순간을 상상한다면 바다 위에 바람처럼 흩날리는 의상을 상상하여 표현할 수 있는 것이다.

상상이 개인에게 미치는 긍정적인 영향에도 불구하고 우리는 상상의 부정적 기능도 살펴볼 필요가 있다. 상상이 항상 긍정적인 방향으로만 작용하는 것이 아니기 때문이다. 상상은 조건에 따라 부정적으로 작용하기도 한다.[32] 사후가정 상상은 반복될 가능성이 있는 일에서는 유익한 정보를 제공하여 긍정적 결과를 이끌거나 후회나 아쉬움 등 부정적 정서를 감소시키기도 하지만 장기적이거나 반복되지 않는 일에는 오히려 우울한 반추나 자기 비난을 야기하여 부정적 결과를 이끌기도 한다. 만약 축구 선수가 사고로 다리를 다쳐 이번 시즌 경기를 뛰지 못하게 되었을 때, '내가 그때 부주의하지 않았다면 시즌 경기에 뛸 수 있었을 텐데.' 상상하면서 시즌 내내 부정적 정서를 가질 수도 있는 것이다. 상상이 개인의 삶에서 긍정적 영향을 끼칠 수 있는 방법을 고민해 보아야 한다.

30 Weibel, Martarelli, Häberli, & Mast(2018)

31 LeBoutillier & Marks(2003)

32 Markman, Karadogan, Lindberg, & Zell(2009)

5. 상상하는 뇌도 있을까?

상상하는 뇌가 따로 있을까? 최근 상상의 메커니즘이 신경심리학적으로 밝혀지고 있다. 이것은 상상의 복잡한 사고 과정에 관여하는 다양한 뇌 기제를 과학적으로 이해할 수 있도록 한다.

앞서 살펴보았듯이 상상은 경험에서 비롯되는 것이기 때문에 경험을 저장하는 기억과 관련이 깊다.[33] 기억은 일화기억과 의미기억으로 구분된다.[34] 일화기억은 개인이 과거에 경험했던 크고 작은 사건들에서 시·공간적 맥락 정보를 포함하여 기억하는 것이다. 예를 들어 내가 언제, 어디서, 어떻게 넘어졌었는지를 기억하는 것이다. 의미기억은 일반화된 지식과 의미를 기억하는 것으로 우리나라의 국경일을 아는 것, 컴퓨터 발명가를 아는 것 등이 해당한다.

상상은 일화 및 의미기억 체계를 바탕으로 이루어진다. 먼저, 상상이 일화기억을 토대로 이루어지는 것임을 신경학적으로 증명한 연구가 있다.[35] 연구에 따르면 과거 사건을 기억할 때와 미래 사건을 상상할 때, 사건의 구성 및 정교화에 관여하는 뇌 영역이 공통된다. 과

---

33 Atance et al.(2005a)

34 Tulving(2002)

35 Addis, Wong, & Schacter(2007)

거 사건을 기억하는 것과 미래 사건을 상상하는 것에서 좌측 해마(left hippocampus)와 후측 시공간 영역(posterior visuospatial regions)이 공통으로 활성화된다. 해마는 기억 속의 정보를 회상하여 사건을 새롭게 구성하는 것과 관련된다.[36] 하지만 후측 시공간 영역이 기억과 외부 자극의 상호작용에 관련되어 있다는 것은 아직 추정할 뿐이다. 사건의 정교화 과정에는 어떤 것을 자신의 경험과 연관 지어 생각하는 자기 참조(self-reference)와 맥락적이고 일화적인 심상(imagery)이 포함되는데, 이와 관련된 뇌 영역은 전전두 피질(prefrontal cortex), 내측 측두엽(medial temporal lobe)의 해마와 해마곁이랑(parahippocampal gyrus), 설전부(precuneus) 근처의 후부 중심 영역(posterior midline region)이다. 이것은 자서전적 기억을 회상하는 신경망과도 주목할 만하게 일치하여 상상할 때 일화기억만큼 자서전적 기억도 활용된다는 것을 알 수 있다.[37]

일화기억은 미래를 상상하는 미래 예측 뇌 (prospective brain)와 관련된다.[38] 연구에 따르면 과거를 기억하는 것과 미래를 상상하는 것에서 공통으로 작용하는 핵심적 뇌 체계(the core brain system)가 있는데, 이것은 내측 전전두 피질(medial prefrontal cortex), 내측 측두엽, 설전부/팽대 후부 피질(retrosplenial cortex), 후측 두정엽 피질(lateral parietal cortex), 후측 측두엽 피질(lateral temporal cortex)이다. 하지만, 미래 사건을 구성하는 것은 과거 사건을 구성하는 것보다 관련된 뇌 영역이 더 많다. 미래 사건 구성을 위한 미래 예측 사

36 Addis et al.(2012)

37 Squire(2004)

38 Schacter et al.(2007)

고(prospective thinking)와 생성(generation)에는 우측 전두극 피질(right frontopolar cortex)과 좌측 복부 측면의 전두엽 피질(left ventrolateral prefrontal cortex), 미래 사건의 새로움에 대한 반응에는 우측 해마(right hippocampus)가 추가적으로 관련된다. 미래 사건을 상상하는 것은 다양한 과거 사건에서 수집한 디테일한 정보를 새로운 미래 사건 속으로 유연하게 재조합하고 심상을 새롭게 생성하는 과정을 포함하기 때문에 보다 많은 노력이 요구되는 것이다.[39]

상상이 일화기억뿐만 아니라 의미기억과도 관련되어 있다는 것도 신경심리학적으로 밝혀지고 있다.[40] 알츠하이머 환자와 의미치매(semantic dementia) 환자를 대상으로 한 실험 연구에서 일화기억에 장애를 가지고 있는 알츠하이머 환자가 과거를 회상하지 못하기 때문에 미래를 상상하는 것에 문제를 겪는다는 것을 밝혔다. 이것은 상상에 일화기억이 관련되어 있음을 다시 한 번 증명한 것이다. 또한 의미기억에 장애를 가지고 있는 의미치매 환자가 일화기억을 어느 정도 보존하고 있더라도 미래를 상상하지 못한다는 것이 밝혀졌다. 반대로 일화기억에 장애가 있고 의미기억이 보존된 환자는 일반적 지식과 관련된 상상이긴 하지만 미래를 상상할 수는 있다고 하였다. 이를 통해 상상에는 의미기억도 활용됨을 알 수 있다. 신경학적으로 '일화적' 미래를 상상할 때 의미치매는 전하측두이랑(anterior inferior temporal gyrus), 후하측두이랑(posterior inferior temporal gyrus), 측두구(temporal pole)와 관련되었고, 알츠하이머는 설전부, 후측대상피질(posterior cingulate), 후측 해마곁이랑(posterior parahippocampal gyrus), 전

39 Szpunar et al.(2007)

40 Irish, Addis, Hodges, & Piguet(2012)

두극(frontal pole)과 관련되었다. '의미적' 미래사건을 상상할 때 의미 치매는 전하측두이랑, 측두구가 관련되었고, 알츠하이머는 전하측두이랑, 모이랑(angular gyrus), 후전두이랑(inferior frontal gyrus), 뇌섬엽 피질(insular cortex)이 관련되었다.[41]

종합하면 상상 활동에 작용하는 뇌 기제는 일화기억 및 자서전적 기억, 의미기억과 밀접한 연관이 있다. 일화기억은 상상에서 시공간의 맥락적 정보를 구체적으로 제공한다.[42] 자서전적 기억은 일화기억이 시간적, 범주적 차원으로 확장된 것으로서 과거 일화를 시간적으로 연결하고, 자신을 둘러싼 정보를 포괄한 것이기 때문에 상상에서 중요한 역할을 한다.[43] 의미기억은 상상을 구성하기 위한 기본적인 정보를 제공하며 일화적 정보와 균형을 이룰 때 상상을 더 잘 할 수 있도록 한다.[44]

---

41 Visser, Embleton, Jefferies, Parker, & Lambon Ralph(2010)

42 Addis, Wong, & Schacter(2007)

43 Moore & Barresi(2013)

44 Suddendorf et al.(2007)

II

상상 구조의 이해

"상상은
상상 구조 속에서 발휘된다."

1. 상상의 개념

상상의 어원은 라틴어로 imagery, 자신을 마음속에 그린다라는 의미이다. 상상은 개인의 생각, 느낌 등을 반영하여 일어나는 것이며, 마음속에서 이루어지는 정신 활동이다.[45]

상상의 개념은 공상, 망상, 환상 등의 개념과 혼재되어 사용되어 왔다. 이들 개념은 마음속에서 이루어지는 정신 활동이라는 점에서 상상과 일맥상통하지만 마음속에서 무엇을 그리느냐에 따라 차이가 있다. 공상은 비현실적인 것을 현실이 아닌 허구로 인지하는 것이고, 망상은 비현실인 것을 현실로 받아들이는 병적인 것에 가깝다. 환상은 현실에서 이루지 못하는 것을 이루는 소망 성취의 한 형태로 일어난다.[46] 우주선을 타고 우주여행 하는 것을 떠올리며 현실이 아닌 것을 인지하면 공상이지만, 우주여행을 실제로 다녀왔다고 느끼면서 현실과 구분하지 못하면 망상이다. 내가 가까이 가서 직접 관찰하고 싶던 별자리를 우주선에서 직접 보는 것을 떠올리면 환상이다. 이처럼 공상, 망상, 환상은

45 Perdue(2003)

46 최지현(2007)

비현실적인 것을 대상으로 하기에 근래에 실현될 가능성이 낮다. 반면 상상은 현실에서 실재하는 것을 다루는 것이기 때문에 이들 개념보다 개연성이 크다는 점에서 차이가 있다.

고대에 상상은 공상, 망상, 환상 등과 같이 비이성적인 활동으로 간주되었다. 플라톤[47]은 상상이 지각한 대상을 토대로 유추한 단순 가상, 망상, 또는 사이비 지식 등 비이성적인 활동이라 하였다. 하지만 아리스토텔레스[48]는 플라톤과 달리 상상을 이성적인 활동으로 보았고, 상상력에 대해 포괄적이고 체계적인 분석을 처음으로 시도하기도 하였다. 그에 따르면 상상은 실제로 지각한 것과 유사한 표상(phantasmata)이 나타나도록 해주는 것이다. 현실에서 대상을 볼 수 없어도 정신을 통해 그 표상을 볼 수 있도록 한다. 그는 상상이 지각도 아니고, 사고도 아니며, 지각과 사고의 결합도 아니라고 하였다. 상상은 지각과 사고의 중간에서 독립된 위치와 기능을 가지고 있는 것이라고 하였다.[49]

상상의 가치가 인정받기 시작한 것은 칸트[50]에 이르러서다. 칸트는 아리스토텔레스의 영향을 받아 대상이 눈앞에 있지 않아도 직관으로 표상하는 능력을 상상이라 하였다. 또한, 상상의 작용방식 2가지를 제안하였다. 흄[51]이 상상을 강요받지 않은 상상과 강요받은 상상으로 구분하였는데, 칸트가 이것을 토대로 재생적 상상과 생산적 상상으로 구분한 것이다. 재생적 상상은 공상과 비슷한 것이고, 생산적 상상은 직관을 통해 이미지를 종합하는 것으로서 선험적 능력에 의한 것이다. 칸

47 고대 그리스의 철학자(BC427-BC347)
48 고대 그리스의 철학자(BC384-BC322)
49 송명국(1997) 재인용
50 독일의 철학자(1724-1804)
51 영국의 철학자·정치가(1711-1776)

트는 상상이 지각적 경험을 기반으로 자유로운 초월적인 능력을 발휘하여 이루어지는 것으로 보았다.[52]

이후 상상에 대한 견해는 칸트의 영향을 받은 콜리지[53]에 의해 주도되었다. 콜리지는 상상을 무의식이 작용하는 1차적 상상과 의식이 작용하는 2차적 상상으로 구분하였다. 1차적 상상은 인간의 모든 지각작용을 일으키는 원동력으로서 무의식적이고 반사적으로 이루어지는 것이다. 2차적 상상은 1차적 상상을 포함하는 동시에 예술 창조의 원동력이 되는 것으로서 의식과 의지에 의해 이루어지는 것이다. 1차적 상상과 2차적 상상의 차이는 의식적인 의지 여부에 있는 것이다.[54] 아리스토텔레스를 시작으로 흄, 칸트, 콜리지에 이르면서 상상은 비이성적인 활동이 아닌 정상적인 활동으로 인정받게 되었다.

상상은 바슐라르[55]의 등장으로 영역이 한층 더 확대되었다. 그에 따르면 상상은 지각작용으로 수용한 이미지를 토대로 시작하며 이미지를 변형시키는 과정이다. 상상을 통해 이미지를 변화시키며 최초의 이미지로부터 해방된다. 예상치 못한 이미지들과 결합을 시도하며 기존의 이미지를 변화시킨다. 따라서 상상은 변형을 주도하는 역동적 능력이라 할 수 있다.[56] 바슐라르의 연구를 토대로 상상은 지각된 이미지로부터 시작되고 이러한 이미지를 변형시키는 활동이라는 것을 인식하게 되었다.

아리스토텔레스부터 바슐라르에 이르기까지 상상의 개념을 종합해보면 상상은 정상적인 활동이고, 마음속에서 보이지 않는 상을 그리는

---

52 김상욱(2001) 재인용
53 영국의 시인·비평가(1772-183)
54 장경렬(2006) 재인용
55 프랑스의 철학자(1884~1962)
56 홍명희(2005)

정신 활동이다. 또 상상은 무의식 또는 의식에 의해 작용하며, 지각된 이미지를 변형시키는 활동이다. 하지만 이들의 개념은 상상에서 사회문화적 영향을 배제하고 제안한 것이었다. 반면 비고츠키[57]는 상상이 현실에서 지각한 것을 기반으로 이루어진다는 것에 동의하였지만, 상상 과정에서 사회문화적 요인의 역할을 강조하였다. 그에 의하면 상상은 현실에서 경험한 요소를 활용하여 새로운 것을 구성하는 활동이므로 현실에서의 사회문화적 환경은 상상 과정에 큰 영향을 미친다.[58]

20세기 전후의 심리학은 상상의 특성을 밝히기 위하여 다양한 관점에서 연구하기 시작하였다. 상상이 정신적으로 심상을 다루는 활동이라 여기고 정신적 시간 여행(timetravel), 일화적 미래사고(episodic future thinking), 사후가정 상상, 정신적 시뮬레이션(mental simulation) 등을 근거로 상상을 연구하였다.

'정신적 시간 여행'은 과거로 돌아가 사건을 재구성하여 경험하거나 미래로 앞서가 사건을 미리 경험하는 것이다.[59] 예를 들면 대학생이 된 어떤 학생이 과거로 돌아가 다른 과를 선택하는 상상이나 미래로 앞서가 다른 과로 편입하는 상상을 하면서 시간 여행을 하는 것이다. 이러한 것은 어떤 사람이 시간을 거스르거나 앞질러 과거에 일어났을지도 모르는 또는 미래에 일어날지도 모르는 사건을 다루는 타임슬립(time slip) 기법을 활용한 판타지 및 SF 영화에서도 흔히 살펴볼 수 있다.

'일화적 미래사고'는 미래 속으로 자신을 투사하여 한 번도 경험해보지 못한 새로운 사건을 정신적으로 경험하는 것이다. 이것은 미래에 수

57 구소련의 인지심리학자(1896-1934)

58 Vygotsky(1930/2004)

59 Suddendorf et al.(2007)

행해야 할 일을 기억하는 미래 계획 기억(perspective memory), 의사 결정, 목표 달성 등과 긍정적 상관관계가 있다.[60] 예를 들면 고등학생이 대학교에 입학하였다고 가정하여 대학생으로 할 수 있는 일을 상상하는 것이 이에 해당한다. 이 과정에서 대학교 입시 일정 등을 떠올리는 것이 미래 계획 기억을 활용하는 예이다. 정신적 시간 여행과 일화적 미래사고 연구는 털빙[61]이 정의한 일화기억의 최근 개념을 기초로 연구한 것이며 두 연구 모두 상상이 현재가 아닌 시간 속으로 자신을 투사하는 과정이라는 것에 공통된 의견을 가지고 있다. 하지만 정신적 시간 여행은 '과거'를 상상하는 것에 초점을 두었고, 일화적 미래사고는 '미래'를 상상하는 것에 초점을 두었다는 점에서 구분된다.

'사후가정 상상'은 과거 사건에서 실제로 일어났던 조건을 1~2개 바꾸고, 이에 부합하는 인과적 결과를 새롭게 조합하는 것이다.[62] 예를 들면 팀 과제 수행에서 어려움을 겪는 학생이 컴퓨터를 능숙하게 다루는 구성원 1명이 더 있는 조건을 상상하고, 이를 통해 과제를 수월하게 완성하는 결과를 상상하여 조합하는 것이다. 이처럼 현실에서 이미 일어났지만 이러한 결과를 촉발한 가장 핵심적인 조건을 삭제하거나 이와 같은 결과가 일어나지 않을 수 있는 가장 핵심적인 조건을 추가하는 것으로 새로운 상상을 하는 것이 사후가정 상상이다.[63] 이것은 매일매일 비교적 쉽게 일어날 수 있지만 삭제는 이미 일어난 것을 다루는 것이고, 추가는 아직 일어나지 않은 것을 다루는 것이기 때문에 삭제보다

60 Atance et al.(2005b)

61 Tulving(2002)

62 Byrne(2005)

63 Roese & Olson(1993)

추가를 활용하는 상상에 더 많은 노력이 필요하다.[64]

'정신적 시뮬레이션'은 가상의 사건을 정신적으로 새롭게 구성하는 것이다. 수영 선수 펠프스는 잠들기 전과 일어날 때마다 머릿속에서 경기 장면을 처음부터 끝까지 슬로우모션으로 시뮬레이션했다고 한다. 경기장에 들어서고 출발대에서 준비하며 경기가 시작하여 완벽한 레이스를 펼치는 장면을 매일 머릿속으로 상상한 것이다. 이때 수영 동작은 물론 등 뒤에 느껴지는 물살, 수면을 스칠 때 일어나는 물방울, 경기가 끝나고 수영 모자를 벗을 때의 기분 등 사소한 것도 빠뜨리지 않고 시뮬레이션하여 결국 이것을 머릿속에서 초 단위로 계산 할 수 있게 되었다고 한다. 이렇게 실제 훈련과 함께 신기록을 달성하는 완벽한 레이스를 상상한 것은 그가 올림픽 8관왕에 이르는 선수가 되는데 뒷받침이 되었다. 정신적 시뮬레이션을 통한 상상 훈련이 뇌 시냅스의 수를 증가시켜 운동 효과를 높일 수 있다는 것이 신경과학적으로도 연구된 바 있다.[65]

20세기를 전후하여 시작된 심리학에서의 상상 연구를 비교하면 정신적 시간여행 연구에서는 과거 상상 또는 미래 상상 등 상상 시점을 강조하였다. 대부분의 연구가 과거를 상상하는 것에 초점을 두고 있던 것과 달리 일화적 미래사고 연구는 미래 상상에 초점을 둔 것이다. 사후가정 상상 연구에서는 상상이 과거 사건의 구성 요소를 분해하고 이것들을 논리적이고 인과적으로 새롭게 조합하는 것이라 정의하고 상상의 다양한 가능성을 제안하였다. 정신적 시뮬레이션 연구는 상상으로 가상의 상황을 실제처럼 시뮬레이션하는 효과를 강조하였다.

지금까지 상상 연구에서의 상상 개념들은 다소 상이한 차이가 있지

---

64 Byrne(2005)

65 양병일, 박형기(2018)

만, 상상이 개인의 경험에서 시작되는 것이며 머릿속으로 가상의 사건을 새롭게 구성하는 과정이라는 점에는 공통된다. 비고츠키는 지각된 경험을 바탕으로 시작되는 상상의 과정을 구체화하였다.[66] 그에 따르면 상상은 지각된 경험을 분해하여 분리된 표상을 가지고 이를 변형시켜 형상화하는 활동이다. 하지만 상상의 복잡한 본질을 알아보기 위해서는 일련의 연속된 상상 과정을 보다 구체화하여 통합적으로 살펴볼 필요가 있다. 상상의 전체 과정을 통합적으로 다루지 않으면 상상의 특성을 부분적으로만 알게 되는 것이기 때문이다. 따라서 상상이 무엇에서 시작되고, 어떻게 조작되는 것이며, 그 결과가 개인에게 어떻게 수용되는 것인지 상상에 대한 통합적 개념 정의가 필요하다.

최근에는 상상의 본질적 특성을 통합적으로 밝히기 위해 상상의 구조와 과정을 중심으로 상상을 재개념화 하기도 하였다.[67] 이 연구는 상상이 일화에 기반을 두고 이루어진다고 보았다. 이것은 상상이 지각된 경험에서 비롯되는 것이라는 기존의 상상 연구들과 맥을 같이 하지만 개인이 경험하는 일화에 초점을 두었다는 점에서 기존의 상상 개념들과 차이가 있다.

일화의 속성은 상상과 밀접한 연관이 있다. 일화는 오늘 입을 옷을 고르거나 친구와 대화하는 일 등 일상 속에서 겪는 다양한 에피소드이며 다음과 같은 속성이 있다. 첫째, 일화는 스토리를 포함하는 내러티브(narrative)의 기초이다.[68] 예를 들면 오늘 입을 옷을 고르는 과정이나 친구와의 대화 등은 스토리가 있는 내러티브다. 둘째, 일화는 지각

66 Vygotsky(1930/2004)
67 이시은 외(2014)
68 Stein et al.(1975)

적, 정서적, 의미적 정보 등 일화적 정보를 포함한다.[69] 예들 들면 오늘 아침 고른 옷이 무슨 색이었는지, 친구와의 대화가 즐거웠는지, 나에게 어떤 의미가 있었는지 등이 해당한다. 셋째, 일화적 정보들은 내러티브 속에서 변형되기 쉬운 가변적 속성을 가지고 있다.[70] 예를 들어 오늘 아침 고른 옷에 대한 이야기에는 만약 오늘 흰색 바지를 입었다면, 만약 검정색 티셔츠를 입었다면 등 변형 가능한 속성이 있는 것이다.

상상은 내러티브라는 점에서 일화와 일맥상통한다. 내러티브는 특정 주제를 이야기하는 것으로 실제 사건과 가상의 사건에 모두 해당한다.[71] 실제 사건은 개인의 실제 과거 경험에 대한 '일상적 내러티브', 가상의 사건은 개인이 새롭게 구성하는 '가상적 내러티브'를 포함한다. 상상은 가상의 사건을 구성하는 것이므로 가상의 내러티브에 해당한다. 아동의 가상적 내러티브를 일화의 수준에 기반하여 연대기(chronicles), 불완전한 일화(incomplete episodes), 최소 일화(minimal episodes), 완전한 일화(complete episodes)로 구분한 연구도 있다.[72]

상상은 지각적, 정서적, 의미적 정보 등을 토대로 이루어지는데, 일화는 이러한 정보를 포함하고 있다는 점에서도 상상과 관련이 있다. 정신적 시간 여행, 일화적 미래사고 연구에 의하면 상상은 일화기억을 토대로 이루어지는 것이어서 사건의 구체적 시간과 공간에 대한 정보를 포함하고 있다.[73] 또 사건 속에 포함된 정서적 정보, 자신과 다른 사람

69 Addis et al.(2004) Liu, Feng, Chen, & Li(2013), Suddendorf & Busby(2005)

70 Schacter et al.(2007), Schacter et al.(2008)

71 Hudson & Shapiro(1991), McCabe, Bliss, Barra, & Bennett, (2008)

72 Orsolini(1990)

73 Atance et al.(2005a), Suddendorf et al.(1997), Suddendorf et al.(2005)

74 Addis, Mcintosh, Mocovitoh, & Crawley, Mcltndrews(2004), Liu et al.(2013)

의 삶에 대한 의미적 정보 등도 포괄하고 있다.[75] 상상은 다양한 일화적 정보를 포괄하여 이루어지는 것이다.

무엇보다 상상 과정과 일화가 밀접한 연관이 있는 이유는 일화의 가변적 속성 때문이다. 우리는 일화에 포함되었던 정보를 완벽하게 기억하지 못한다. 일화기억이 혼돈이나 왜곡 등에 취약한 것은 일화에 포함된 일화적 정보들이 변형되기 쉽기 때문이다. 나에게 중요한 의미적 정보를 가지고 있었던 일화였더라도 시간이 지난 뒤 일화 속 구체적 정보들을 기억하기 어려웠던 경험이 있을 것이다. 나에게 소중한 사람들과의 여행일지라도 여행 장면이 부분적으로 혼돈되거나 왜곡될 수도 있다. 일화적 정보의 가변성은 상상 과정에 유연성을 제공한다. 현실에 실재했던 일화적 정보지만 상상 과정에서 변형되고, 조합되어 가상의 새로운 내러티브 속으로 통합된다.[75] 작업기억의 일화적 버퍼(episodic buffer)는 하나의 일화 또는 서로 다른 일화에서의 가변적 정보들을 시·공간을 가로질러 통합할 수 있도록 한다.[76] 예를 들어 부모님과 함께 갔던 여행 일화와 친구와 함께 갔던 여행 일화에 포함된 정보들을 변형하고 조합하여 새로운 여행 이야기를 상상할 수 있는 것이다.

일화는 상상 과정 전반에 걸쳐 작동하는 기제이다. 따라서 상상은 상상 과정에서 일화가 작동하는 양상을 반영하여 다음과 같이 개념 정의할 수 있다. 상상은 '과거 일화의 실재적 요소를 정신적으로 다루어 새로운 일화를 구성하는 인지적 과정'이다.[77]

75 Foley, Wozniak, & Gillum(2006), Schacter et al.(2007)

76 Baddeley(2000)

77 이시은 외(2014)

2. 상상의 구조

상상은 복잡한 사고 활동이어서 본질적 특성을 알기 위해서는 상상의 구조를 살펴볼 필요가 있다. 상상 구조는 상상 과정에 대한 구체적 정보를 제공하여 상상을 조작적으로 이해하는 데 도움이 될 것이다.

비고츠키는 상상의 복잡함을 이해하기 위해 상상 과정에 포함된 몇 가지 요소를 개괄하였다. 그에 따르면 상상은 지각, 분해, 수정, 조합, 형상화를 통해 이루어진다. '지각'은 경험을 통해 내·외적으로 인식한 어떤 것이며 기억 속에 저장되어 있다. 상상은 경험을 통해 지각된 정보들로부터 시작된다. '분해'는 지각할 때 어떤 것이 결합 되어있는 상태를 깨고 별개의 요소로 낱낱이 나누는 것이다. 이렇게 분해된 요소들은 개인의 내면적인 변화에 따라 수정, 조합, 형상화 등의 복잡한 과정을 거친다. '수정'은 낱낱이 분해된 요소들을 개인의 내면적인 변화에 따라 원래 지각된 상태와 다르게 바꾸는 것이고, '조합'은 각각 분해된 요소들을 새로운 체계로 통합하는 것이며, '형상화'는 이것에 외적인 형태를 부여하는 것이다. 그의 연구는 상상이 일어나는 과정 전반을 단계화하고 구조적 접근을 시도하였다는 점에서 의의가 있다. 하지만 상상의 복잡한 사고 과정을 단순화하였고 경험적 연구 결과가 뒷받침되지 못해서 아쉬운 부분이 있다.

비고츠키가 제안한 이론을 토대로 상상 구조 연구는 더욱 체계화되었다. 먼저, 상상이 경험을 통해 지각한 것에서 비롯된다는 것은 일화적 미래사고 연구에서 경험적, 신경과학적으로 증명되었다.[78] 연구에 따르면 상상은 일화기억 속 표상으로 이루어진다. 다음, 상상이 과거 경험에서 지각한 요소들을 낱낱이 분해하고, 하나하나 분해된 요소들을 새롭게 수정 및 조합하는 과정이라는 것은 사후가정 상상, 정신적 시간여행 연구가 뒷받침하였다.[79] 기억에서 특별히 선택된 정신적 표상들은 분해되고 현실이 아닌 과거 또는 미래의 상상 세계 속에서 수정되거나 새롭게 조합되는 것이다. 마지막으로 비고츠키가 언급한 형상화는 외적인 형태를 부여하는 것으로 상상의 결과를 가시적으로 확인할 수 있는 것임을 밝힌 것이다. 상상이 형상화되는 과정에 대한 것은 아직 충분히 연구되지 못하고 있지만, 상상이 외적으로 형상화되면 다시 지각할 수 있는 대상이 되고 이것은 또 다른 상상의 출발점이 되기 때문에 우리는 이를 통해 상상이 순환과정으로 이루어질 수 있는 것임을 알 수 있다.

시뮬레이션 연구에서는 상상을 개념적 틀로 제안하여 상상 구조를 정교하게 살펴보기도 하였다.[80] 연구에 따르면 상상은 시점(time), 방향(direction) 및 초점(focus) 측면에서 다음과 같이 구분된다. 첫

78 Byrne(2005), Suddendorf et al.(1997, 2007), Atance et al.(2005b), Addis et al.(2007), Schacter et al.(2007), Carroll, & Shepperd(2009), Greenberg & Rubin(2003), Moore et al.(2013)

79 Byrne(2005), Suddendorf et al.(1997, 2007)

80 Sanna(2000)

째, 상상은 시점에 따라 실제로 일어난 사건을 회상하는 사후가정(counterfactuals)과 가설적 사건을 예상하는 사전가정(prefactuals) 상상으로 구분된다. 예를 들어 1시간 전에 있었던 약속을 회상하며 상상하는 것은 사후가정이고, 1시간 후에 있을 약속을 예상하며 상상하는 것은 사전가정이다. 둘째, 방향에 따라 현재보다 좋은 결과를 상상하는 상향식과 현재보다 나쁜 결과를 상상하는 하향식으로 구분된다. 예를 들어 어느 회사원이 오늘의 실적보다 더 나은 것을 상상하면 상향식 상상이고, 오늘보다 더 못할 수도 있었던 실적을 떠올리면 하향식 상상이다. 셋째, 초점에 따라 현재와 대조 평가하는 상상과 감정이입하며 실제처럼 동화하는 상상으로 구분된다. 예를 들어 A회사에 다니고 있는 직원이 B회사에 다니는 상상을 하면서 A회사와 B회사를 대조 평가할 수 있고, 자신이 마치 B회사의 실제 직원처럼 느끼며 동화될 수도 있다.

상상의 본질을 이해하기 위해서는 상상이 무엇에서 시작되고, 어떻게 조작되며, 그 결과가 개인에게 어떻게 수용되는지 상상이 일어나는 전체 과정을 이해하고자 하는 통합적 관점이 필요하다. 상상의 재개념화 연구에서는 그동안 부분적으로 밝혀졌던 상상 구조를 통합적으로 살펴 3차원으로 [그림 1]과 같이 체계화하였다.[81] 상상을 '자원', '조작', '결과' 3차원으로 구조화하고, 각 차원에 포함된 하위요소들이 복합적으로 결합하는 양상을 표상하였다.

81 이시은 외(2014)

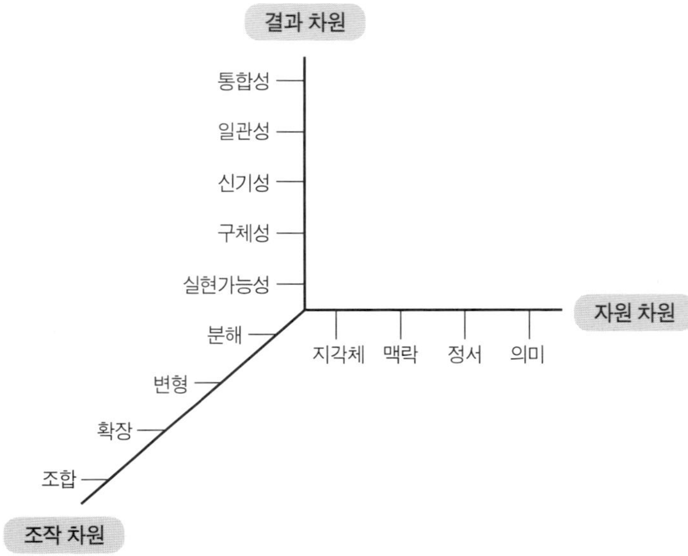

[그림 1] 상상의 3차원 구조

상상의 3차원 구조에서 첫째, 자원 차원은 '상상을 하기 위한 일화적 정보'이다. 앞서 상상의 개념에서도 살펴보았듯이 상상은 과거 일화를 바탕으로 이루어지는데 일화는 지각적, 정서적 및 의미적 정보를 포함하고 있다. 상상은 이러한 일화적 정보를 자원으로 활용하여 이루어지는 것이므로 상상의 첫 번째 차원은 자원이다. 둘째, 조작 차원은 '상상의 자원을 정신적으로 다루는 사고 활동'이다. 비고츠키를 비롯한 선행 연구들은 상상이 과거의 경험을 분해하고, 수정하며 조합하는 과정이라고 하였다. 상상 과정에서 상상의 자원을 조작하는 것은 중요 핵심 활동이므로 상상의 두 번째 차원은 조작이다. 셋째, 결과 차원은 '새롭게 구성된 일화의 속성'이다. 상상의 자원에 포함된 일화적 정보들은 조작의 과정을 거쳐 새로운 일화로 구성된다. 새롭게 구성된 일화는 상상 과정의 산물이므로 상상의 세 번째 차원은 결과이다.

각 차원에 포함된 하위요소는 상상 구조를 보다 구체적으로 설명하는 것이다. 첫째, 자원 차원은 '지각체', '맥락', '정서', '의미'를 포함한다. 지각체는 '일화에서 지각된 대상과 대상이 가지고 있는 속성'으로서 누가, 무엇을 하는가를 감각적 양식으로 지각한 것이고, 맥락은 '지각체가 포함된 시·공간'으로서 일화가 언제, 어디서 이루어졌는가에 대한 것이며, 정서는 '일화를 경험했을 당시의 감정', 의미는 '일화에 부여한 가치'로서 일화를 경험하고 난 후에 일화를 어떻게 받아들이는지에 대한 것이다.

둘째, 조작 차원은 '분해', '변형', '확장', '조합'을 포함한다. 분해는 '상상 자원을 분리하는 활동'이다. 변형은 '상상 자원을 과장, 축소, 삭제, 추가, 대체, 재설정하는 활동'이다. 확장은 '상상 자원을 과거 또는 미래 시점 속으로 배치하는 과정'이다. 확장은 먼 과거, 가까운 과거, 가까운 미래, 먼 미래 시점으로 세분화된다. 조합은 '상상 자원을 인과적, 연상적 관계로 새롭게 연결하는 활동'이다.

셋째, 결과 차원은 상상 결과가 가지는 속성으로 '통합성', '일관성', '신기성', '구체성', '실현가능성'을 포함한다. 통합성은 '상상 자원으로 지각체, 맥락 및 정서를 얼마나 통합적으로 활용하였는가'에 대한 것이다. 일관성은 '상상 자원을 얼마나 일관된 일화로 구성하였는가'에 대한 것이다. 신기성은 '과거 지각된 일화와 비교하여 얼마나 새로운 것인가'에 대한 것이다. 구체성은 '지각체, 맥락, 정서에 대한 일화적 정보를 양과 질 측면에서 얼마나 구체화하였는가'에 대한 것이다. 실현가능성은 '현실에서 얼마나 가까운 시점에 실현가능한 것인가'에 대한 것이다.

최근 상상 연구에서도 현재와 단절하여 탐험하는 상상 시점이 언제인가, 현재로부터 시간적으로 얼마만큼 떨어진 세계를 상상하는가, 현실에서 실현될 수 있는 것인가를 살펴보는 것에 관심을 가지고 있다.[82] 또한 상상 모델을 제안하기 위해 얼마나 많은 양을 상상하는가, 상상의 내용이 정교한가, 긍정 또는 부정적 상상인가, 특별한 목표나 목적을 가진 의식적이고 목표지향적인 상상인가와 특별한 목표 없이 무의식적으로 이루어지는 상상인가를 연구하고 있다.[83] 이처럼 상상의 3차원 구조는 후속 연구를 통해서도 타당성이 입증되었다. 상상의 3차원 구조에 대한 이해를 위해 자원, 조작 및 결과 차원에 대해서 자세히 살펴보겠다.

1) 자원 차원

상상하기 위해서는 상상할 재료들이 필요하다. 우리의 기억 속에는 상상에 활용할 수 있는 충분한 정보들이 포함되어 있다. 우리는 과거에 경험한 일화를 기억 속에 저장하고, 일화에 포함된 지각적, 정서적, 의미적 정보들을 기억 속에서 꺼내어 상상 자원으로 활용한다. 하지만 과거 경험 속에 포함된 일화적 정보 모두를 상상 자원으로 활용하지 않는다. 과거 경험에서 특별히 인상 깊었다고 생각하는 어떤 정보만 제한적으로 선택하여 상상 자원으로 활용한다.[84] 일화적 정보들을 순간적으로 저장하고 처리하는 것이 작업기억인데, 이것은 수용 능력에 한계를 가지고 있어서 정보를 선택적으로 활용하도록 하기 때문이다.[85]

---

82 Zittoun & Gillespie(2017)

83 Zabelina & Condon(2020)

84 Chun, Golomb, & Turk-Browne(2011)

85 Baddly(2000)

상상 자원이 되는 정보들은 일화기억 및 자서전적 기억, 의미기억으로 저장된다. 일화기억과 자서전적 기억에는 일화에 포함된 '행위자, 물건, 행위, 배경, 정서적 반응, 시각과 다른 감각, 공간적 심상, 정서, 언어, 대화' 등의 구체적 정보가 포함된다.[86] 상상하고자 하는 사람들이 이러한 정보에 얼마나 친숙한가 또는 개인적으로 중요한 정보인가 등에 따라 상상 자원으로 활용한다.[87] 의미기억에는 '지구가 태양의 주위를 돌고 있다' 등과 같이 일반적이고 개념적인 지식 정보가 포함된다. 사회문화적으로 합의된 일반적 지식을 상상 자원으로 활용하면 사회가 수용하는 범위 내에서 상상하게 되는 경향이 있다.[88]

상상 자원으로서 표상의 형태는 보다 세분화 될 수 있다. 기억 모니터링 이론 연구는 읽기 과정에서 기억의 표상 형태를 '지각 정보', '맥락 정보', '정서 정보', '의미 정보'로 구분하였다.[89] 지각 정보는 말하는 사람의 목소리 억양, 맥락 정보는 시간과 장소, 의미 정보는 대화의 주제 또는 단어, 정서적 정보는 말하는 사람 또는 듣는 사람의 반응과 관련된다. 이 연구는 상상의 3차원 구조 연구에서 자원 차원의 하위요소를 범주화하는 이론적 근거이다. 상상의 3차원 구조 연구에서 자원 차원의 하위요소는 지각체, 맥락, 정서, 의미이다.[90] 어떤 사람이 사람들의 마음을 치유해주는 상담 로봇을 상상한다고 가정해보자. 이 사람은 과거에 상담받았던 기억에서 상담사의 구체적 모습과 대화를 떠올릴 수 있다. 상담사에 대해 지각한 정보들은 자원 차원의 지각체로서 상담 로

---

86 Suddendorf et al.(2007), Rubin(2006)
87 D'Argembeau & Van der Linden(2012)
88 Irish et al.(2012)
89 Foley(2013)
90 이시은 외(2014)

봇의 구체적 모습을 상상하는데 자원으로 활용될 수 있다. 상담사와 이야기를 나누었던 시간과 공간에 대한 정보는 자원 차원의 맥락으로서 상담 로봇이 언제, 어디에서 활용될지를 상상하는데 중요한 정보를 제공할 수 있다. 상담했을 때의 상담사에 대한 감정은 자원 차원의 정서로서 상담 로봇이 사람들에게 어떤 마음으로 다가갈지를 결정하는 중요한 자원이 될 수 있다. 과거 상담을 하였던 경험에 대한 특별한 의미부여는 자원 차원의 의미로서 상담 로봇의 필요성을 중요하게 여기며 상상할 수 있도록 할 것이다.

상상 자원으로 지각체, 맥락, 정서, 의미에는 어떤 것들이 포함될까? 초등학생 상상의 구조 분석 연구[91]에서는 상상 자원으로 활용된 지각체, 맥락, 정서, 의미를 다음과 같이 목록화하였다. '지각체'는 과거 일화 속의 인물, 동물, 사물, 기타 등으로 구분하였다. '맥락'은 과거 일화가 일어난 시·공간을 매일매일 접하는 일상 환경, 매일매일은 아니지만 빈번하게 접하는 일상 환경 주위의 근접 환경, 특별한 날에 접하는 체험 환경, 기타 등으로 구분하였다. '정서'는 과거 경험한 일화에 대한 긍정 정서 또는 부정 정서, 특별한 정서가 없는 경우로 구분하였다. '의미'는 과거 경험한 일화가 나에게 중요한지 중요하지 않은 것인지로 구분하였다. 예를 들어 초등학교 1학년 학생이 현장체험학습으로 동물원에 갔을 때 사육사가 호랑이에게 먹이 주던 신기한 장면을 기억 속에서 떠올렸고, 동물원에 다시 가고 싶은 마음으로 상상을 시작했다고 가정하자. 상상 자원으로 활용된 지각체를 살펴보면 1학년 초등학생과 사육사, 호랑이, 먹이이므로 인물, 동물, 사물을 모두 활용하였다. 맥락은 현장체험학습으로 특별히 가게 된 동물원이므로 체험 환경, 정서는 신

91 이시은(2016)

기한 것을 느꼈으므로 긍정, 의미는 다시 가고 싶은 마음이 들었으므로 중요한 의미가 있는 것을 활용한 것이다. 이처럼 사람들은 기억 속에서 특별히 어떤 것을 선택하여 상상 자원으로 활용한다.

2) 조작 차원

상상 자원은 상상 과정에서 조작된다. 동물원의 호랑이를 상상 자원으로 떠올려 동물원의 호랑이가 울타리 밖으로 탈출하는 상상을 한 것은 상상 자원을 조작한 것이다. 상상 자원을 조작하는 과정은 정신적으로 이루어지는데 상상 자원을 어떻게 조작하느냐에 따라 상상의 내용은 천차만별이 된다.

상상의 3차원 구조에서 조작 차원은 분해, 변형, 확장, 조합을 포함한다.[92] 어떤 사람이 유명한 영화감독이 되어 시상식에서 수상하는 상상을 한다고 가정하고 상상 자원이 조작되는 과정을 살펴보겠다.

'분해'는 상상 자원을 분리하는 과정으로 일화에 묶어져 있던 구성 요소를 하나하나 개별적으로 나누어 자유롭게 조작할 수 있는 형태로 만드는 것이다. 영화감독이 되어 수상하게 되는 상상은 과거에 내가 학교에서 상 받았던 기억이나 TV에서 본 시상식 장면을 상상 자원으로 활용할 수 있다. 상상 자원은 상을 주는 사람, 받는 사람, 입었던 옷, 상패, 시상식 장소의 카펫, 마이크, 시상식 날의 감동 등으로 낱낱이 분해된 것이다.

---

92 이시은 외(2014)

'변형'은 분리된 상상의 자원을 과장, 축소, 삭제, 추가, 대체, 재설정하는 것이다. 내가 학교에서 받았던 상패가 평범한 모양이라면 상상에서는 크고 화려한 모양의 상패를 받는 것으로 질적 과장을 하거나 3관왕의 수상자가 되는 것으로 양적 과장을 할 수 있다. 기억 속에 저장된 학교에서 상 받을 때 입었던 옷은 상상 속에서 TV 시상식 장면에 보던 화려한 드레스나 턱시도로 대체될 수도 있다. 또는 온라인 시상식을 상상하며 전 세계인에게 화상으로 축하받는 등 지금까지와는 전혀 다른 새로운 형태의 시상식으로 재설정할 수도 있다.

확장은 현재가 아닌 시점으로 상상 자원을 배치하여 과거 시간으로 돌아가거나 미래 시간으로 앞서가 지금 여기가 아닌 것을 상상하며 탈맥락화를 하는 것이다.[93] 장래 희망이 영화감독인 학생이라면 TV 시상식을 보면서 미래에 자신도 유명한 영화감독이 되어 수상하는 장면을 상상하며 현재가 아닌 시간으로 자신의 삶을 확장할 수 있다.

조합은 상상 자원을 인과적, 연상적 관계로 새롭게 연결하는 과정이다. 상상 자원들은 상상 속에서 새로운 관계적 과정으로 재조합되어 일관된 내러티브 속으로 통합된다.[94] 먼저, 상상 자원을 인과적으로 조합하는 상상은 실제 일어난 인과적 일화에서 선행조건을 변형하고 새로운 인과적 결과를 조합하는 것이다. 예를 들어 세계적으로 유명한 영화감독이 시상식에서 상을 받고 관객들에게 축하받는 실제 장면을 본 것을 토대로 자신이 신인 영화감독이 되어 시상식에서 수상한다고 상상할 때, 관객들이 깜짝 놀라는 장면을 조합하는 것이다. 사람들은 실제

---

93 Snow(1990)

94 D'Argembeau, Ortoleva, Jumentier, & Van der Linden(2010), Suddendorf et al.(1997, 2007)

로 경험하지 않았더라도 인과적 지식을 통해 상상할 수 있다.[95] 유명하지 않던 어떤 사람이 상을 받게 된다면 사람들이 놀라워하는 장면을 인과적으로 조합할 수 있는 것이다.

그동안 상상은 상상의 인과구조에 대해서만 중점을 두어 연구 되어 왔다. 하지만 의식적 또는 무의식적 사고에 의해 일어나는 연상은 상상의 세계를 더욱 풍부하게 만든다. 연상을 통해 선행조건에 새롭게 조합될 결과를 다양하게 상상할 수 있기 때문이다. 만약 어떤 사람이 영화감독이 되어 시상식에서 상을 받았다고 상상할 때, 세계적인 배우들이 자신이 만드는 영화에 출연시켜 달라고 부탁하거나 자신이 만든 영화를 보고 싶어 하는 관객들이 세계 여러 나라 곳곳에 많아지는 상황 등 다양하게 연상할 수 있다. 상상 자원은 인과적 조합과 연상적 조합의 상호작용 속에서 다양하게 조작되면서 새로운 상상 일화가 된다.[96]

3) 결과 차원

상상 자원은 조작 과정을 거쳐 새로운 결과물로 완성된다. 상상은 글, 이미지, 소리, 행위 등의 완성된 형태로 다양하게 형상화될 수도 있고, 미완성된 채 브레인스토밍으로 그칠 수도 있다. 상상 결과는 다양한 형태로 형상화될 수 있지만; 이들에게서 공통적인 속성을 찾아볼 수 있다. 상상 결과는 통합성, 일관성, 신기성, 구체성, 실현가능성 5가지 특성이 있다.[97]

---

95 Walker et al.(2013)
96 Duncan(2013)
97 이시은 외(2014)

첫째, 상상 결과에서는 '통합성'을 살펴볼 수 있다. 상상 구조의 자원 차원에서 살펴보았듯이 상상은 지각체, 맥락, 정서, 의미 등의 상상 자원을 활용하는 것이다. 과거 일화에 포함된 지각체, 맥락, 정서, 의미 등의 정보 중 일부를 상상 자원으로 활용할 수도 있고, 전체를 통합적으로 활용할 수도 있다. 10년 전 가족 및 친구들 100명 정도를 초대하여 실내 결혼식장에서 행복한 결혼식을 했던 어떤 사람이 10주년 결혼기념식을 상상한다고 가정해보자. 이 사람은 10년 전 결혼식에 포함된 지각체, 맥락, 정서, 의미 중 일부를 활용하여 상상할 수도 있고, 전체를 통합적으로 활용하여 상상할 수도 있을 것이다. 실제 결혼식 장소만 조작한다면 실내였던 결혼식장을 들꽃이 가득한 야외 결혼식장으로 변형하여 상상할 수 있을 것이다. 반면 실제 결혼식의 지각체, 맥락, 정서, 의미를 통합적으로 활용하여 상상하면 초대받은 사람이 달라지고, 바닷가를 결혼식장으로 하며, 행복한 감정보다 부모님께 감사하는 마음을 상상할 수도 있다. 상상 결과에서는 상상 자원으로 지각체, 맥락, 정서, 의미를 얼마나 통합적으로 활용했는지를 살펴볼 수 있다.

둘째, 상상 결과에서는 '일관성'을 살펴볼 수 있다. 상상은 과거에 실제로 일어났던 일화에 포함된 지각, 정서, 의미 등 일화적 정보들을 새로운 일화 속으로 일관되게 구성하는 과정이다. 일화 속 세부 정보들을 일관된 시·공간적 맥락 속으로 통합하는 것이다.[98] 예를 들어 실제 결혼식과 달리 들꽃 가득한 들판에서의 결혼식을 상상한다면 조명 대신 비추는 따스한 햇볕, 들판에 놓인 테이블, 들꽃 길에서의 행진, 바람에 옷자락이 나부끼는 사람들과 웃음소리 등 새로운 시·공간적 맥락에 어

98 Hassabis & Maguire(2007)

울리는 일화적 정보들을 새롭게 떠올려 상상할 수 있다. 상상으로 새롭게 구성한 일화가 실제로 일어났던 일화가 아님에도 불구하고 실제 일화와 같이 여겨지는 이유는 시·공간적 맥락에 부합하는 일화적 정보들을 상상 자원으로 활용하기 때문이다. 상상 결과에서는 상상 자원을 얼마나 일관된 일화로 구성하였는지를 살펴볼 수 있다.

셋째, 상상 결과에서는 '신기성'을 살펴볼 수 있다. 상상 자원을 활용하여 새롭게 구성한 상상은 실제로 일어났던 일화와 크게 다르지 않을 수도 있고, 전혀 예상치 못한 새로운 내용의 상상일 수도 있다. 전자를 일상적 상상, 후자를 창의적 상상이라 일컫기도 한다.[99] 예를 들어 가족과 친구들 100명 정도를 실내 결혼식장에 초대하였던 실제 결혼식과 달리 가족과 친구들 50명을 초대하여 결혼식을 했다고 상상하는 것은 실제 결혼식의 내용과 크게 달라지지 않을 수 있다. 하지만 실제 결혼식장이 실내였던 것과 달리 관광 명소인 바닷가에서 결혼식을 한다고 상상한다면 가족과 친구들 100명을 비롯한 수많은 관광객이 등장하며 실제와 전혀 다른 결혼식을 상상하게 될 수 있다. 또한, 비행기 안에서의 결혼식, 스카이다이빙을 함께 하는 결혼식 등 이색 결혼식을 떠올리는 것으로 신기성이 더욱 높은 상상을 할 수도 있다. 상상 결과는 상상 자원으로 지각체, 맥락, 정서, 의미를 어떻게 활용하느냐에 따라 실제 일어났던 일화와 비교하여 새로움의 정도가 달라질 수 있다.

넷째, 상상 결과에서는 '구체성'을 살펴볼 수 있다. 상상은 일화적 정보가 포함된 상상 자원을 조작하는 것이므로 상상 결과도 일화적 정보를 가진다. 하지만 일화적 정보의 양과 질은 다를 수 있다. 상상은 순간

99 Byrne(2005)

적인 심상으로 그치기도 하고, 정교한 서술 구조가 포함된 장면으로 표현되기도 한다. 예를 들어 실제 결혼식 장면과 다르게 이색적인 결혼식을 상상한다고 가정하자. 만약 바닷가에서 하는 결혼식의 한 장면을 스냅샷(snapshot)으로 상상한다면 상상 결과는 지각체와 맥락에 대한 정보만 가진다. 이와 달리 바닷가에서 결혼 행진을 하는 과정, 사람들의 축하 인사, 내가 느낄 수 있는 행복한 감정, 소중한 시간 등을 상상한다면 상상 결과는 지각체, 맥락, 정서, 의미적 정보를 구체적으로 가진다.

상상 결과에서는 지각체, 맥락, 정서, 의미에 대한 일화적 정보를 얼마나 구체화한 것인지 양과 질로 살펴볼 수 있다. 먼저, 상상 결과에서 지각체의 구체성에 따라 지각체가 단순히 등장만 하는 상상, 지각체의 상태, 행동 등 속성에 대한 정보를 제공하는 상상, 지각체의 속성에 대한 구체적 근거를 포함하는 상상으로 구분하여 살펴볼 수 있다. 예를 들어 이색 결혼식 상상에 등장하는 신랑과 신부가 있는지, 이들의 옷차림과 행동이 어떠했는지, 이들이 왜 그런 결혼식을 했는지에 대한 이유 등을 얼마만큼 포함하여 상상했는지에 따라 지각체의 구체성을 살펴볼 수 있다. 다음, 맥락의 구체성은 시간과 장소에 대한 설정이 없는 상상, 시간과 장소 중 1개만 설정한 상상, 시간과 장소에 대한 설정이 모두 있는 상상으로 구분할 수 있다. 예를 들어 이색 결혼식을 상상할 때 계절 또는 나이 등에 대한 시간 설정이 있었는지, 들판이나 바닷가 등 장소 설정이 있었는지에 따라 맥락의 구체성을 살펴볼 수 있다. 다음, 정서의 구체성은 정서 표현의 양과 질에 따라 정서 표현을 포함하지 않는 상상, 정서 표현을 한 장면에서만 포함한 상상, 여러 장면마다 다양한 정서 표현을 포함한 상상으로 구분하여 살펴볼 수 있다. 예를 들면 이색 결혼식에 대한 상상은 실제가 아니기 때문에 행복, 기쁨, 설렘 등의 정서를 표현하지 않은 상상, 이색 결혼식에 대한 행복한 정서를 한 장면에서만 표현한 상상, 이색 결혼식이 이루어지는 장면마다 또는 지각체마다 정서 표현을 다양하게 표현한 상상으로 구분하여 살펴볼 수 있다.

다섯 번째, 상상 결과에서는 '실현가능성'을 살펴볼 수 있다. 사람들은 현실에서 당장 일어날 법한 개연적인 것을 상상하기도 하고, 현실에서 당장 일어날 수는 없지만 먼 미래에 실현될 수 있거나 전혀 실현될 가능성이 없는 것을 상상하기도 한다. 예를 들어 결혼을 준비하는 남녀가 결혼식장에서 함께 행진하는 상상은 쉽게 실현할 수 있는 실현가능성이 높은 상상이다. 하지만, 우주 비행을 하며 결혼식을 하는 상상은 쉽게 실현하기 어려운 실현가능성이 낮은 상상이다. 상상 결과가 현실에서 얼마나 가까운 시일 내에 실현가능한 것인가에 다라 실현가능성의 정도를 살펴볼 수 있다.

III

상상 과정의 이해

"상상은
그치지 않는 이야기이다."

1. 상상의 과정

상상 구조가 정태적 조건에서 상상의 고유한 특성을 낱낱이 드러내는 것이라면 상상 과정은 동태적 조건에서 상상 구조가 작동하는 과정을 구체화하는 것이다.[100] 상상 과정 연구에서는 상상이 '환기', '구성', '인식'에 의해 이루어진다고 하였다.[101] 환기는 '기억 속에서 상상 자원을 선택하여 주의집중하는 것'이다. 상상 구조의 자원 차원에 포함된 지각체, 맥락, 정서, 의미 등의 상상 자원 중 특별히 어떤 것을 선택하고 주의집중 하여 상상하는 것이다. 구성은 '상상 자원을 조작하여 새로운 상상 결과를 생성하는 것'이다. 상상 구조의 조작 차원에 포함된 분해, 변형, 확장, 조합 등의 방법으로 상상 자원을 조작하여 상상의 결과를 생성하는 것이다. 상상의 결과에서는 상상 구조의 결과 차원에 포함된 통합성, 일관성, 신기성, 구체성, 실현가능성 등을 살펴볼 수 있다. 인식은 '상상한 결과에 동화 또는 대조되는 것'이다. 동화는 상상의 결과를 인식할 때 실제와 같이 느끼는 것이고, 대조는 상상의 결과를 실제와 비교하여 판단하는 것이다.

100 이시은 외(2014)

101 이시은 외(2014)

상상 과정은 [그림 2]와 같이 환기, 구성, 인식이 순차적으로 진행될 수도 있고, 역행하여 진행될 수도 있는 3단계 순환과정으로 모형화 할 수 있다.[102]

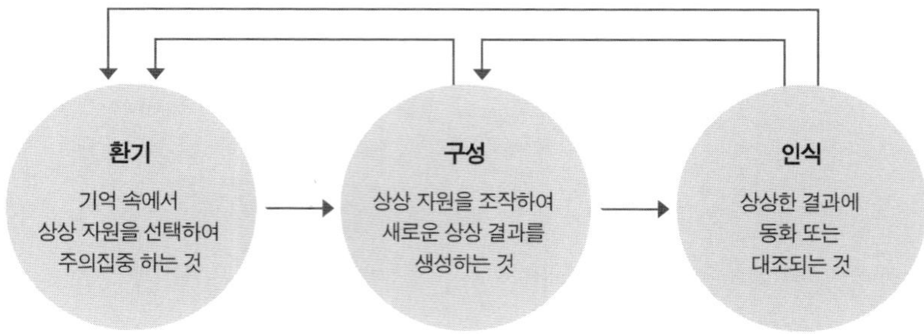

[그림 2] 상상의 3단계 순환과정모형

상상 과정에서 환기, 구성, 인식이 순차적으로 일어나는 경우는 상상 자원을 환기하여 상상을 구성하고 상상 결과를 인식하는 것이다. 상상은 환기, 구성, 인식이 순차적으로 이루어지지 않는 경우도 있다. 환기 또는 인식의 과정 없이 상상을 구성한다. 상상 자원을 기억 속에서 환기하지 않고 갑자기 상상을 시작하고 상상 결과에 대한 인식없이 끝나는 것이다. 또, 구성 및 인식 과정에서 환기 또는 구성으로 역행하였다가 상상하기도 한다. 상상을 구성하다가 새로운 상상 자원을 환기하여 상상을 구성하는 경우, 상상 결과를 인식하였지만 상상을 계속 이어서 구성하거나 상상 자원을 새롭게 환기하여 상상하는 경우 등이 있는 것이다.

상상이 연속적으로 이루어지는 과정임에도 불구하고 환기, 구성, 인식의 3단계로 구분한 것은 상상의 과정을 보다 조작적으로 이해할 수

102 이시은 외(2014)

있도록 한 것이다. 이 장에서는 상상 구조의 자원, 조작, 결과 차원이 상상 과정에서 어떻게 작동하는지 알아보기 위하여 상상의 3단계 순환 과정모형을 토대로 살펴볼 것이다.

1) 구성

상상은 기존에 경험하지 않은 새로운 세계를 창조하고자 하는 인간의 욕구에서 비롯된 것이다. 최근 상상 연구도 상상의 창조적 구성 과정에 관심을 두고 이루어지고 있다. 상상의 3단계 순환과정모형에서 구성은 상상 자원을 조작하여 새로운 상상 결과를 생성하는 것으로 상상 구조의 조작 차원과 깊은 관계가 있다. 상상 과정에서 구성은 상상 자원을 분해, 변형, 확장, 조합 등으로 조작하는 과정이다. 상상의 구성 목표 및 내용에 따라 분해, 변형, 확장, 조합 중 일부 또는 전체를 선택적으로 활용하여 상상하는 것이다. 먼저, 분해는 상상 자원을 마음속에 고정하지 않고 개별적인 표상으로 분리하는 것이다. 다음, 변형은 분리된 표상들을 과장, 축소, 삭제, 추가, 대체, 재설정하는 것이다. 과장이나 축소의 예는 다음과 같다. 집만큼 큰 바위를 옮기는 것을 상상하는 것은 뛰어나거나 비범한 것에 호기심을 가지는 내면적인 요인에 의하여 자신의 경험을 과장하는 것이고, 내가 옮긴 돌이 다른 사람들 눈에 보이지 않게 할 수 있다고 하는 상상은 자신을 드러내고 싶지 않은 요인에 의하여 자신의 경험을 축소하는 것이다. 과장이나 축소의 대상이 되는 것은 크기, 길이, 부피, 개수 등과 같이 양적인 것이 될 수도 있고, 특성이나 성질 등과 같이 질적인 것이 될 수도 있다. 삭제나 추가의 예는 다음과 같다.

시험 성적이 나쁜 학생이 내가 시험 전날 친구들과 놀이터에서 놀지 않았다고 상상하거나 시험 전날 친구들과 스터디 모임을 가졌다고 상상하는 것은 현실에서 이미 일어난 결과에 직·간접적으로 영향을 미친 조건들을 삭제 또는 추가하는 것이다.[103] 대체는 과거 일어났던 일화에서 일부 조건을 다른 조건으로 바꾸어 상상하는 것이다. 자전거를 타고 가서 지각한 학생이 자전거가 아니라 자동차를 타고 갔다고 상상할 수 있는 것이다. 재설정은 현실적 조건을 벗어나 자유롭게 상상하는 것이다. 학교에 가지 않고 공부를 할 수 있는 새로운 방법을 상상하는 것이 그 예이다. 상상 자원을 일부 대체하여 상상하는 것은 본질적으로 현실과 같은 배경에서의 상상이 되기 쉽다. 하지만 재설정은 현실적 조건을 벗어나는 것이므로 새로운 시·공간적 배경일 때가 많다.

상상 과정의 구성에서 시간적 차원을 고려하는 것은 중요하다. 상상은 현재가 아닌 시점에서 일어나는 일을 생각하는 것이기 때문이다. 상상 자원들은 현재가 아닌 과거 또는 미래 시점으로 확장하여 배치된다. 따라서 상상은 시점에 따라 과거에 대한 상상과 미래에 대한 상상으로 구분할 수 있다. 첫째, 과거를 상상하는 것은 과거에 경험한 일화를 재구성하는 것이다.[104] 과거로 돌아가서 이미 일어난 일화와 다르게 어떤 일이 일어난다고 상상한다. 하지만 이것은 현실에서 실현되지 않는다. 현실에서 이미 일어난 결과를 돌이킬 수는 없기 때문이다. 상상을 통해 실제와 다른 결과를 정신적으로나마 경험할 뿐이다. 두 번째, 미래를 상상하는 것은 사전에 한 번도 경험해보지 못한 일화를 구성하는 것이다.[105]과거에 이미 일어난 사건을 새롭게 구성하는 사후가정 상상에는

103 Byrne(2005)

104 Byrne(2005), Sanna(2000), Suddendorf et al.(1997, 2007)

이미 일어난 현실의 결과를 바꿀 수 없는 제약이 있다. 하지만 아직 일어나지 않은 미래의 일을 구성하는 사전가정 상상에는 현실에서 실제로 일어날 가능성이 열려있다.

미래를 상상하는 것과 과거를 상상하는 것 중 어느 것이 더 복잡하고 힘든 일일까? 과거를 상상하는 것은 대부분 실제로 일어났던 것에 기반을 두어 현실에 있는 상상 자원을 활용하지만, 미래를 상상하는 것은 실제에 기반을 두지 않고 가상의 상상 자원으로 구성하는 것이기 때문에 미래를 상상하는 것이 더 복잡할 수 있다. 하지만 철학적 관점으로 생각하면 과거와 미래는 결국 같은 시간적 차원이다. 시간이 흐르면 미래는 현재가 되고, 현재는 결국 과거가 된다. 과거를 상상하는 것이든 미래를 상상하는 것이든 상상은 결국 시간을 넘나들며 자신의 삶을 사는 일이다.

상상 과정에서 구성은 낱낱이 흩어져 있는 상상 자원들이 인과적 및 연상적 조합을 통해 새로운 일화 속에서 새로운 관계를 맺도록 하는 것이다. 과거에 있었던 일화의 인과적 구조는 상상 과정의 구성에서 새로운 인과적 구조로 바뀐다.[106] 예를 들어 늦잠을 잤기 때문에 학교에 지각한 사람은 일찍 일어났다면 학교에 지각하지 않았을 수 있었다고 상상할 수 있다. 늦잠과 지각이라는 인과적 구조는 일찍 일어나는 것과 지각하지 않는 것으로 조합되어 새로운 인과적 구조를 만든다. 상상을 구성할 때 얼마나 타당한 인과적 지식을 바탕으로 조합하였는가에 따라 어떤 상상은 그럴듯해 보이고, 어떤 상상은 그럴듯해 보이지 않는다. 이러한 인과적 지식은 개인이 그동안 축적한 경험에 의해 형성되는

105 Atance et al.(2005a)

106 Byrne(2005), Walker et al.(2013)

것이므로 상상은 개인의 축적된 경험을 토대로 이루어진다 할 수 있다.

연상은 상상이 인과적으로 구성되는 과정에서 작용한다. 어떤 원인이 되는 사건에 조합할 수 있는 인과적 결과는 연상을 통해 여러 가지 버전으로 상상할 수 있다. 예를 들어 늦잠을 자서 학교에 지각한 사람은 만약 일찍 일어났다면 학교에 가서 할 수 있었을 여러 가지 일들을 연상하여 상상할 수 있다. 하지만 사람들은 여러 가지 가능성을 상상할 수 있음에도 불구하고 보통의 경우 가장 강력한 대안적 결과 한 가지만을 상상하는 경향이 있다.[107] 현실에서 일어난 결과와 다른 대안을 여러 가지로 상상하는 일이 특별한 노력을 요구하기 때문이다. 만약 일찍 일어났다면 학교에 가서 친구들과 인사하고 수업 준비를 미리 하는 상상은 쉽게 일어나지만 학교에 가서 새로 전학 온 친구에게 인사하고 학교를 미리 안내하는 상상은 특별한 노력이 뒷받침되어야 일어나는 것이다.

연상은 상상의 구성 과정에서 계속 일어날 수도 한다. 상상의 서사가 연속적으로 이어질 수 있기 때문이다. 예를 들어 늦잠 자지 않고 일찍 일어나서 학교에 지각하지 않았다는 상상에서 그치지 않고 학교에 지각하지 않아서 일어날 수 있는 일을 연속적으로 이어서 연상할 수 있는 것이다. 지각하지 않았다면 수업 시작하기 전 도서관에 가고, 책을 읽다가 친구를 만나는 등의 서사를 연속적으로 이어가는 것이다. 이처럼 연상은 상상의 인과적 구성 과정에 긴밀하게 작용하면서 상상의 내용을 풍부하게 한다.

상상을 구성하는 과정에서 또 하나 중요한 것은 구성 방향이다. 상상은 구성 방향에 따라 현실보다 더 좋은 결과를 상상하는 상향식과 현실

107 Byrne(2005)

보다 더 나쁜 결과를 상상하는 하향식으로 구분할 수 있다.[108] 상상 과정에서 구성 시간과 방향의 상호작용은 <표 1>과 같이 2×2 구조로 나타낼 수 있다.[109]

<표 1> 상상 과정에서 구성 시간과 방향의 상호작용

방향적 차원	시간적 차원	
	과거 시점	미래 시점
상향식	과거에 일어났던 일보다 좋은 결과를 상상	미래에 기대되는 일보다 좋은 결과를 상상
하향식	과거에 일어났던 일보다 나쁜 결과를 상상	미래에 기대되는 일보다 나쁜 결과를 상상

상상의 구성 시점이 과거일 때, 상향식으로 상상하는 것은 과거에 일어났던 결과보다 좋은 결과가 일어났다고 상상하는 것이고, 하향식 상상은 나쁜 결과가 일어났다고 상상하는 것이다. 예를 들어 시험 전날 저녁 8시까지 공부해서 80점을 맞은 학생이 과거 시점에서 상향식으로 상상하면 시험 전날 밤 10시까지 공부했다고 가정하여 100점 맞는 상상을 하는 것이고, 하향식은 시험 전날 저녁 6시에 잠이 들어 공부를 다 하지 못했다고 가정하여 60점 맞는 상상을 하는 것이다. 상상의 구성 시점이 미래일 때, 상향식 상상은 미래에 기대되는 일보다 좋은 결과를 상상하는 것이고, 하향식 상상은 나쁜 결과를 상상하는 것이다. 예를 들어 미래 시점에서 상향식으로 상상하면 오늘 내가 공부를 10시까지 하면 나는 내일 시험에서 내 실력보다 더 잘 볼 수 있을 것이라고

---

108 Sanna(2000)

109 Carroll et al.(2009), Sanna(2000)

상상하는 것이고, 하향식으로 상상하면 오늘 내가 공부를 10시까지 해도 내일 시험에서 내 실력만큼 발휘하지 못할 것이라고 상상하는 것이다. 이와같이 상상의 구성 방향을 어떻게 설정하느냐에 따라 상상의 결과는 정반대가 될 수도 있다.

상상의 3단계 순환과정모형 연구에 따르면 구성 단계에서는 '시점', '범주', '장애물', '결말'을 살펴볼 수 있다. 첫째, 시점은 상상을 구성할 때 과거 또는 미래 등 가상으로 설정한 상상 시점이다. 사람들은 상상 시점을 설정하지 않고 상상하기도 하지만, 현재를 벗어나 과거 또는 미래 시점을 설정하여 상상하는 경우가 더 많다. 과거 시점에서의 상상은 인류의 탄생, 선사시대 등 현재로부터 먼 과거를 상상하는 것이 될 수 있다. 또 어제 또는 1년 전 있었던 일 등 현재로부터 가까운 과거를 상상하는 것이 될 수도 있다. 미래 시점에서의 상상은 내일 또는 1년 뒤 일어날 일 등 현재로부터 가까운 미래를 상상하는 것이 될 수도 있다. 또 새로운 행성이 발견된 우주 시대 등 현재와 거리가 먼 미래를 상상하는 것이 될 수 있다.

둘째, 범주는 상상을 구성할 때 상상 자원으로 활용되는 지각체 및 맥락이 속한 범위이다. 지각체 및 맥락의 범주는 상상 과정에서 변형될 수 있다. 상상의 3차원 구조 연구[110]에 따르면 지각체의 범주는 인물, 동물, 사물, 기타로 구분되고, 맥락의 범주는 일상 환경, 근접 환경, 체험 환경, 기타로 구분된다. 지각체 및 맥락이 원래 속한 범주와 달라지지 않고 상상하면 범주 변형이 없는 상상이다. 지각체 및 맥락 중 한 개의 범주만 달라지면 부분 변형이고, 지각체와 맥락 모두 달라지면 완

110 이시은(2016)

전 변형이다. 범주 변형이 없는 상상의 예는 자신의 집에서 고슴도치 한 마리를 키우는 초등학생이 자신의 집에 다양한 종의 고슴도치들을 키우는 상상을 하는 것이다. '고슴도치'라는 지각체와 '집'이라는 맥락이 변형되지 않았다. 범주를 부분적으로 변형하는 상상의 예는 같은 반 친구들과 학교에서 재미있게 놀던 초등학생이 먼 훗날 동창회를 상상하면서 친구들이 외계인으로 변해 학교에 나타났다고 떠올리는 것이다. '학교'라는 맥락은 같지만 '친구'에서 '외계인'으로 지각체가 변형되었다. 친구는 인물 범주이고, 외계인은 기타 범주이므로 지각체의 범주가 변형된 것이다. 범주를 완전히 변형하는 상상하는 예는 동생과 집에서 레고를 가지고 놀던 초등학생이 공룡, 늑대, 드레곤과 함께 우주에서 놀고 있다고 상상하는 것이다. 동생이라는 지각체가 공룡, 늑대, 드레곤으로 변형되었고, 집이라는 맥락이 우주로 변형되었다. 동생은 인물 범주, 집은 일상 환경 범주인데 상상 속의 공룡, 늑대, 드레곤은 기타 범주이고, 우주도 기타의 범주이므로 지각체와 맥락이 모두 변형한 것이다. 사람들은 상상 과정에서 지각체 및 맥락의 범주를 변형하지 않고 상상하기보다 부분 또는 완전히 변형하여 상상하는 경우가 더 많다.

셋째, 장애물은 상상의 구성에서 문제 상황 등 사건 전개를 방해하는 요소이다. 상상을 구성할 때 장애물을 포함하지 않고 상상할 수도 있고, 극적인 효과를 위해 장애물을 설정하여 상상할 수도 있다. 장애물이 포함되지 않은 상상의 예는 하늘을 나는 초능력이 생겼을 때 이를 방해하는 장애물 없이 자유를 만끽하는 상상이다. 장애물이 포함된 상상의 예는 가족과 함께 행복하게 살고 있는데 갑자기 지구 멸망이라는 장애물이 발생하여 어려움을 겪는 과정을 상상하는 것이다.

넷째, 결말은 상상하여 구성한 내용을 종합적으로 정리하는 것이다.

상상을 구성할 때 결말이 없을 수도 있고, 결말이 있을 수도 있다. 결말이 없는 상상의 예는 우주선을 타고 목성에 불시착하여 생긴 사건을 상상하다가 '목성은 결국 인류가 살 수 있는 행성이 되었다' 등으로 종합적으로 정리하는 것이다.

2) 환기

상상의 구성은 무의식적으로 갑자기 시작될 수도 있고, 의식적으로 기억 속에서 상상 자원을 떠올려 시작될 수도 있다. 환기는 과거 일화에서 지각한 상상 자원을 의식적으로 떠올려 활용하는 과정이다. 사람들은 경험에서 지각한 것들을 일화기억 및 자서전적 기억, 의미기억으로 저장하고 이것들을 상상 자원으로 활용할 수 있는데, 기억 속에 저장된 상상 자원을 상상에 활용하기 위해서는 선택의 과정이 필요하다. 무수히 많은 상상 자원 중 특별히 어떤 것을 주의집중 하여 선택해야 하는 것이다.[111] 정신적으로 이루어지는 이러한 주의집중을 인지적 주목(cognitive spotlight)이라 한다.[112] 외적 주의집중은 수많은 감각적 정보 중에서 특별히 어떤 것을 선택하는 것이고, 내적 주의집중은 작업기억, 장기기억을 통해 내적으로 통합된 정보 중에서 선택하는 것이다.[113] 상상의 3단계 순환과정모형에서 환기는 기억 속에 있는 상상 자원 중 특별히 어떤 것을 주의집중하여 선택하는 단계이다. 환기 과정에

111 Pashler, Johnston, & Ruthruff(2001)
112 Harris(1991/2000)
113 Chun et al.(2011)

서 인지적 주목으로 선택받은 상상 자원들은 마음속에 들어와 정신적으로 특별하게 명료해지고,[114] 선택받지 못한 자원들은 버려져 기억 저편에서 흐릿해지게 된다.[115] 사람들은 나쁜 일을 겪거나 행운의 기회를 놓치는 등 보다 극적인 경험에 인지적으로 주목하기 쉬운데 이로 인해 극적인 경험이 상상 자원으로 활용되는 경우가 많다.[116]

상상의 3단계 순환과정모형 연구에 따르면 환기 단계에서는 '상상 자원의 양', '자기관련성', '빈도'를 살펴볼 수 있다. 첫째, 양은 상상 자원을 환기할 때 몇 개의 기억을 활용했는가에 대한 것이다. 예를 들어 내가 억만장자가 되는 상상을 한다면 내가 알고 있는 사람 중에 풍족한 삶을 사는 사람과 관련된 기억 1개를 떠올려 상상할 수 있다. 또는 내가 알고 있는 가장 좋은 집, 차, 옷 등에 대한 기억을 여러 개 떠올려 상상할 수도 있다. 환기 단계에서는 상상 과정에 활용되는 기억의 양을 살펴볼 수 있다.

둘째, 자기관련성은 상상에 활용되는 상상 자원이 자신 또는 자신의 주변 상황과 관련되어 있는가에 대한 것이다. 예를 들어 내가 처음으로 가본 놀이공원과 같이 자신이 직접적으로 경험한 기억을 환기하여 새로운 놀이공원을 상상할 수도 있고, 내가 직접적으로 경험한 것은 아니지만 내 주변의 친구가 들려주었던 여행 이야기를 환기하여 내가 가보고 싶은 여행을 상상할 수도 있다. 반면 풀리지 않고 끝난 미제의 영화 속 사건을 환기하여 뒷이야기를 상상하는 것처럼 자신 또는 자신의 주변 상황과 전혀 연관성 없는 것을 상상할 수도 있다.

---

114 Schacter(2001)

115 Simons & Chabris(1999)

116 Roese(1994)

셋째, 빈도는 환기된 기억 속에서 선택된 상상 자원이 과거 얼마나 자주 접하던 것이었는가에 대한 것이다. 어떤 경험은 평생에 걸쳐 1~2회 겪을 만큼 아주 드문 일일 수 있고, 어떤 경험은 몇 년에 1~2회 또는 1년에 1~2회 겪는 일상보다 조금 특별한 일일 수 있으며, 어떤 경험은 1년에 수차례 또는 거의 매일 겪을 만큼 익숙한 일일 수 있다. 이러한 경험들은 상상 자원으로 다양하게 활용된다. 예를 들어 초등학교 입학처럼 지금까지 딱 한 번 겪은 일을 환기하여 나만을 위한 특별한 입학식을 상상할 수 있다. 방학 때 가는 여행처럼 1년에 1~2회 겪는 일을 환기하여 즐거운 여행을 상상하거나 학기말 시험처럼 1년에 수 차례 겪는 일을 떠올려 시험에서 매번 1등 하는 상상을 할 수도 있다. 등교처럼 거의 매일 겪는 일을 환기하더라도 이러한 기억을 토대로 등굣길에 만나는 특별한 고양이와의 이야기를 상상할 수도 있다. 사람들은 상상하기 위해 주로 특별한 일을 떠올려 상상하는 경향이 있다.

3) 인식

상상 과정에서 인식은 상상한 것을 실제처럼 여기며 동화되거나 여러 가지 가상의 상황을 평가하며 대조하는 것이다. 상상 과정에서 동화와 대조는 반영과 평가 모델(Reflection and Evaluation Mode, REM)[117]에 기반한 것이다. 동화는 상상한 결과를 실제와 같이 생생하게 시뮬레이션하며 인식하는 것으로 실제의 나와 상상을 구분하지 않

117 Markman & McMullen(2003)

고 인식하는 것이다. 상상 결과가 자기 구성(self construal)[118] 요소에 포함된 상태이기 때문이다. 대조는 상상한 결과와 현실을 비교·평가하며 현실을 비판적으로 인식하는 것이다. 상상 속 가상의 결과는 현실과 비교하는 평가 정보로만 활용된다. 따라서 동화와 달리 상상한 것을 자기 구성 요소에서 배제하여 실제와 상상을 구분하도록 한다. 예를 들어 지금 막 피겨스케이팅을 배우기 시작한 학생이 올림픽에서 금메달을 딴 김연아선수처럼 고난이도 기술에 성공하는 상상을 한다고 가정하자. 이 학생이 상상에 동화된다면 자신도 현실에서 김연아선수처럼 고난이도 기술을 성공하는 사람이 된다고 생각할 수 있다. 반면 이 학생이 상상을 현실과 대조한다면 김연아선수와 자신의 실력을 비교하여 자신의 실력을 객관적으로 평가하는 데 활용할 수 있다.

동화되거나 대조하는 것의 차이는 선택적 접근 모델(selective accessibility model)에서 살펴볼 수 있다.[119] 동화는 현재의 자신보다 높거나 낮은 기준에 선택적으로 접근하여 자신을 그 기준에 일치시키는 것이다. 대조는 평가할 수 있는 지식에만 선택적으로 접근하는 것이다. 선택적 접근은 현실보다 상상에서 더 쉽게 작용한다.[120] 예를 들어 산불이 크게 난 날, 산에 갈 뻔했던 사람은 실제로 산에 가지 않았다는 사실보다 '산에 갔다면 어떻게 되었을까'라는 상상에 정신적으로 더 쉽게 접근하여 안도감을 가지게 된다.

상상 과정에서 인식은 동화되느냐, 대조하느냐에 따라 다른 정서를 수반하게 된다. 상향식 상상으로 현실보다 좋은 결과에 동화되는 것은

118 Singelis(1994)
119 Mussweiler & Strack(1999)
120 Mussweiler(2003)

긍정적 정서를 일으키고, 현실보다 더 좋은 결과와 대조하는 것은 현실의 결과를 비판하게 되어 부정적 정서를 일으킨다. 상향식 상상에 동화되어 긍정적 정서를 느끼는 예는 실제로는 금메달을 따지 못한 스케이트 선수가 상상 속에서 금메달을 땄을 때를 상상하며 행복함을 느끼는 것이다. 상향식 상상과 대조하여 부정적 정서를 느끼는 예는 금메달을 땄을 때를 상상한 것과 실제로는 따지 못한 현실을 비교하면서 현재에 불행함을 느끼는 것이다.

하향식 상상으로 현실보다 나쁜 결과에 동화되는 것은 부정적 정서를 일으키고, 현실보다 나쁜 결과와 현실을 대조하는 것은 현실의 결과에 대한 긍정적 정서를 일으킨다. 하향식 상상에 동화되는 것은 산불이 일어난 산에 갈 뻔했던 사람이 만약 그 산에 있었더라면 어떻게 되었을까 상상하면서 아찔함을 느끼는 것이다. 하향식 상상과 대조하는 것은 산불이 일어난 산에 갈 뻔했던 사람이 실제로 산에 가지 않았던 현실에서 안심하는 것이다. 사람들은 실현가능성이 큰 상상에 쉽게 동화되는 경향이 있고, 이때 실제로 일어난 것과 같은 정서를 느낀다.[121]

상상의 3단계 순환과정모형 연구에 따르면 인식 단계에서는 '바람', '의문', '현실직시', '계획'을 살펴볼 수 있다.

첫째, 바람은 상상 과정에서 자신이 상상한 결과에 동화되어 현실에서도 실현되기를 희망하는 것이다. 예를 들면 타임머신을 타고 가본 미래 세계를 상상하면서 실제로 그 세계에 직접 가보고 싶은 바람으로 '나는 그런 곳을 실제로 가보고 싶다고 생각했다.'를 나타내는 것이다.

둘째, 의문은 상상 속에서 왜 이런 결과가 있었는지, 상상의 결과가

121 Sanna(2000)

실제로 실현될 수 있는지 등을 현실 상황과 대조하며 질문하는 것이다. 예를 들면 100년 뒤의 모습을 상상하면서 '정말 이렇게 될 수 있을까?'를 질문하며 상상의 결과가 실제로 실현될 수 있는지에 대한 의문을 가지는 것이다.

셋째, 현실 직시는 상상한 결과와 현재를 대조하며 현실 상황을 있는 그대로 수용하는 것이다. 예를 들면 초등학교 1학년 학생이 대학교 3학년이 되어서 괴물을 만난 상상을 한 뒤, '그런데 생각해보니 내가 잠이 오지 않아 생각한 것들이었다.'를 나타내는 등 상상한 것이 실제 현실이 아니었음을 있는 그대로 인식하며 안도하는 것이다.

넷째, 계획은 상상한 결과와 현재를 대조하며 상상한 것을 실현시키기 위한 현실에서의 다짐, 방법 등이다. 예를 들면 초등학교 3학년 학생이 10년이 지나 지금의 친구들을 만나고 학교에 다시 찾아오는 상상을 한 뒤, '난 실제로 10년 후가 되면 초등학교에서 친구들을 볼 것이다.'를 나타내는 등 상상을 실제로 실현시키기 위한 다짐을 표현하는 것이다.

2. 상상의 유형

상상 과정은 앞서 살펴보았듯이 환기, 구성, 인식의 3단계 순환과정이다. 이 연구에 따르면 모든 상상이 환기, 구성, 인식을 포함하는 것은 아니다. 기억의 환기 없이 상상을 바로 구성할 수도 있고, 기억을 환기하여 이를 토대로 상상을 구성할 수도 있으며, 상상의 구성 결과를 인식하거나 인식하지 않는 등 상상은 다양한 방식으로 이루어진다. 상상 과정에 환기, 구성, 인식이 어떻게 포함되느냐에 따라 상상의 유형을 '구성', '환기-구성', '구성-인식', '환기-구성-인식'으로 분류할 수 있다.[122]

1) '구성' 만 있는 상상

구성만 있는 상상은 [그림 3]과 같이 기억의 환기 없이 상상을 구성하고, 상상의 결과에 대한 인식도 특별히 없는 것이다. 자신의 기억 속에 있는 어떤 것을 환기하여 상상 자원으로 활용하는 것이 아니라 자연발생적으로 갑자기 불현듯 떠오른 생각으로 상상하고, 이것이 끝나면 상상 과정도 끝난다.

122 이시은(2016)

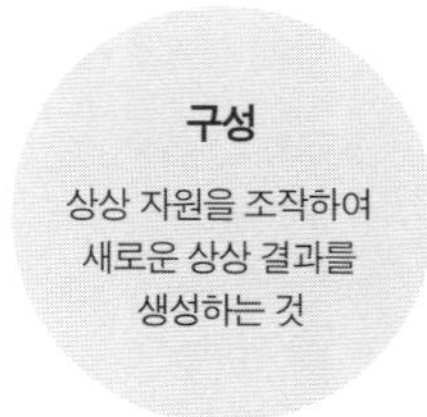

[그림 3] 구성으로 상상하는 유형

예를 들면 자신의 경험과 전혀 관련이 없는 가상의 인물과 장소를 불현듯 떠올려 상상하는 것이다.

2) '환기–구성' 단계로 이루어진 상상

환기에서 구성으로 이어지는 상상은 [그림 4]와 같이 기억 속에 있는 어떤 것을 환기하여 상상 자원으로 활용하고, 이를 토대로 상상을 구성하며 상상의 결과에 대한 특별한 인식을 표현하지 않는 것이다. 이 유형은 상상을 구성하는 중에 환기로 돌아가 필요한 상상 자원을 추가로 선택하여 상상을 이어가거나 새로운 상상을 다시 시작하여 구성하는 순환과정으로 이루어지기도 한다.

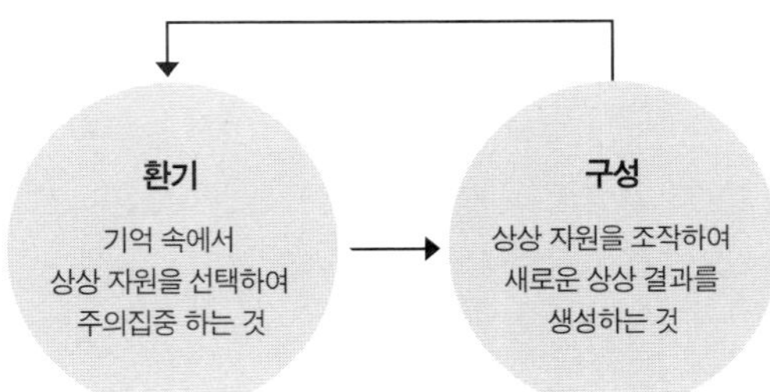

[그림 4] 환기, 구성으로 상상하는 유형

예를 들면 영화 속 주인공인 거인을 상상 자원으로 환기하여 사람들이 거인을 없애기 위해 노력하며 인류를 되찾는 상상을 구성하는 것이다.

3) '구성-인식' 단계로 이루어진 상상

구성에서 인식으로 이어지는 상상은 기억의 환기를 거치지 않고 상상을 바로 구성하고, 상상의 결과에 대한 인식을 드러내는 것이다. 자연발생적으로 어떤 것을 떠올려 상상하고, 이것을 인식하는 것이다. 이 유형은 상상의 결과를 인식한 후에도 상상을 계속 이어가거나 새로운 상상을 다시 시작하여 구성하기도 한다. 상상을 구성하고, 그 결과를 인식하였지만 상상을 추가적으로 구성하는 것이다. 하지만 상상 과정 연구에서 인식이 자발적으로 드러나는 경우는 극히 드물다.

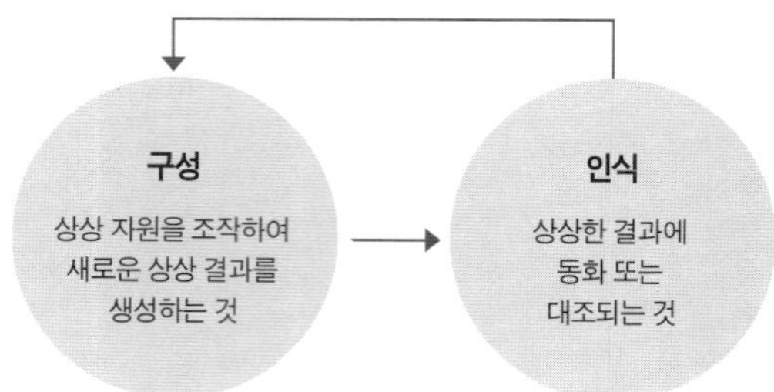

[그림 5] 구성, 인식으로 상상하는 유형

예를 들면 어떤 특별한 기억을 환기하지 않고 숲속 황금 계단을 가상으로 설정하여 계단을 올라 꿈을 이루는 것을 상상할 때, '나는 내 꿈을 꼭 이룰 것이다.'를 표현하며 자신의 상상에 대한 실현 계획으로 상상의 결과를 인식하는 것이다.

4) '환기–구성–인식' 단계로 이루어진 상상

환기, 구성, 인식의 3단계를 모두 거치는 상상은 [그림 5]와 같이 자신의 기억 속에 있는 어떤 것을 상상 자원으로 환기하고, 이것을 활용하여 상상을 구성하며, 상상의 결과를 인식한다. 이 유형은 상상을 구성하다가 환기로 돌아가 상상 자원을 추가하여 구성하기도 한다. 또 상상의 결과를 인식한 후에 환기로 돌아가 상상 자원을 추가하여 상상을 구성하기도 하고, 상상의 구성을 이어서 하기도 하는 순환과정이다.

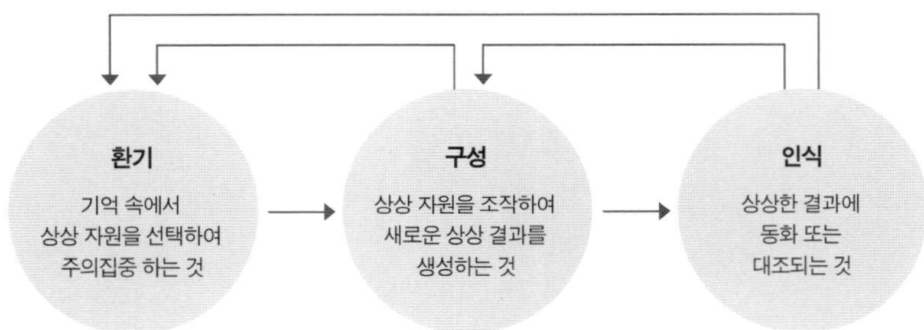

[그림 6] 환기, 구성, 인식으로 상상하는 유형

예를 들면 수영을 배우고 있는 학생이 수영이라는 상상 자원을 활용하여 전 국가대표 수영선수 박태환을 연상하고 자신도 박태환 선수처럼 세계적인 수영선수가 되는 상상을 할 때, '내 상상이 꼭 이루어졌으면 좋겠다'를 표현하며 상상 실현에 대한 바람으로 상상의 결과를 인식하는 것이다.

Ⅳ

상상 작품의 이해

"상상 작품에는
구조와 과정이 있다."

우리는 학령기 전 유아의 자유로운 상상에 허용적인 편이다. 유아는 인지 구조가 발달하는 과정 중에 있기 때문에 현실 세계의 논리를 이해하려고 하기보다는 현실 세계를 왜곡하여 유아의 인지 구조에 맞게 상상한다.[123] 가상놀이 초기에 많이 나타나는 유아의 상상을 존중하기 위해 성인들은 가상놀이에 최대한 개입하지 않는 편이다. 유아에게 선택의 자유를 주고, 결과보다는 활동에 집중할 수 있도록 하여 유아의 개인적 즐거움을 충분히 누리도록 한다.[124]

논리적 사고가 뒷받침되기 시작하는 초등학생의 상상은 유아기의 상상과 다르다.[125] 흔히 초등학생의 상상력은 사춘기 이후 감소한다고 알고 있다. 하지만 상상의 3차원 구조[126]를 토대로 분석하면 초등학생의 상상력은 사춘기 이후에도 계속 발달한다. 논리적 사고의 발달과 함께 사춘기 이후에는 유아와 같은 신기한 상상을 하기보다는 상상의 등장인물, 배경, 정서 등을 통합적으로 고려하여 상상하고 일관적이고 구체

123 Piaget(1967)
124 Caiman & Lundegård(2018)
125 Vygotsky(1930/2004)
126 이시은 외(2014)

적으로 상상한다. 상상의 3차원 구조에 기반하여 상상력을 측정하면 사춘기 이후에도 통합성, 일관성 및 구체성은 계속 발달한다.

이 장에서는 상상의 3차원 구조 및 과정을 기반으로 초등학생의 상상을 종합적으로 분석한 연구 결과[127]를 살펴볼 것이다. 초등학생 상상 특성을 구조적 및 과정적 관점으로 이해하기 위한 것이다.

127 이시은(2016)

1. 구조적 이해

초등학생 상상은 자원, 조작 및 결과의 3차원 구조를 근거로 구조적으로 살펴볼 수 있다. 초등학생의 상상에서 살펴볼 수 있는 일반적 특성과 학년 발달 단계에 따른 학년별 특성은 다음과 같다.

1) 자원 차원

(가) 지각체

상상 자원의 지각체는 인물, 동물, 사물, 기타 등으로 구분되는데, 초등학생들이 상상을 위하여 지각체로 활용하는 '인물'은 자신을 중심으로 자주 접하는 가족, 친구, 선생님 등의 주변 인물이다. '동물'은 기린, 독수리, 하마, 사슴벌레 등 동물원 및 체험관에서 볼 수 있는 동물이나 햄스터, 강아지 등 자신과 친숙한 반려동물이다. '사물'은 자전거, 그네, 인라인, 게임, 공 등 놀이에 관련된 것이나 초콜릿, 사탕 등 음식 관련된 것이다. 그 밖의 좀비, 귀신, 게임이나 만화 속 캐릭터, 외계인 등 현실에 존재하지 않는 것과 운석, 화산 폭발 등 자연물과 관련된 것이다. 특히 현실에 존재하지 않는 것은 꿈속에서 보았던 지각체를 활용하기도 한다.

초등학생들은 인물, 동물, 사물 중 자신이 특별히 관심을 가지고 있거나 친숙한 대상을 선택하여 상상하기 때문에 학년의 발달 수준이 상상 활동에 영향을 미친다. 초등학교 1학년 학생들은 동물 친화적인 상상을 하는 경우가 많다. 동물친화적 성향에 대한 연구[128]에 따르면 초등학교 저학년 학생들은 고학년보다 동물원 체험학습에 2배 이상으로 더 많이 참가하고 만족도가 높다. 이것은 초등학생 상상의 지각체 활용에도 영향을 미친다. 예를 들면 초등학교 1학년 학생은 내가 동물원에서 독수리를 보았던 기억을 떠올려 '나'라는 인물과 '독수리'라는 동물을 지각체로 활용하여 상상한다. 초등학교 3학년 이상 학생들부터는 숙제, 연필, 지우개, 문제집 등 주로 학습과 관련된 사물을 떠올려 상상한다. 초등학교 4학년 학생은 다른 학년에 비하여 인물, 동물, 사물을 종합적으로 사용하여 상상하고, 5, 6학년 학생은 현실에 존재하지 않은 괴물, 좀비 등을 토대로 상상하는 경우가 더 많다. 예를 들면 축구대회에서 경기를 시작하는데 상대 팀을 좀비로 등장시켜 상상하는 것이다.

(나) 맥락

상상 자원의 맥락은 일상환경, 근접환경, 체험환경, 기타로 구분되는데, 초등학생들이 상상을 위하여 맥락으로 활용하는 '일상환경'은 초등학생들이 매일매일 접하는 환경으로서 학교, 집, 학원, 놀이터 등이다. '근접환경'은 초등학생들이 매일매일은 아니지만 자주 접하는 환경으

128 장상규, 홍석환, 이옥하, 김선희, 이경재(2010)

로서 일상환경과 근거리에 있는 마트, 교회, 병원, 식당, 공원, 할머니 집 등이다. '체험환경'은 특별한 날에 접하는 장소로 동물원, 아쿠아리움, 놀이공원, 수영장, 스키장, 문화유적지 등이다. 초등학생들은 특별한 체험이 이루어졌던 체험환경에서의 기억을 선택하여 상상하는 경우가 가장 많다. 초등학교 1, 2학년 학생은 동물원 등 체험환경을 선택하는 경우가 가장 많고 공룡에게 먹이를 주는 등의 상상을 한다. 초등학교 5, 6학년 학생은 문화유적지, 수영장이나 스키장 등 체험환경을 선택하여 상상하는 경우가 많다.

(다) 정서

상상 자원의 정서는 과거 경험한 일화에 대한 긍정 정서 또는 부정 정서, 특별한 정서가 없는 경우로 구분되는데, 초등학생이 상상 자원으로 활용하는 긍정 정서는 자신이 겪은 일화에서의 좋음, 행복, 기쁨, 재미, 즐거움, 통쾌, 뿌듯함 등이다. 부정 정서는 자신이 경험한 일화 속에서 느낀 슬픔, 무서움, 혼남, 짜증, 창피함, 서운함, 힘듦 등이다. 하지만 초등학생은 자신이 겪은 일화에서 특별한 정서를 떠올리지 않고 상상하기도 한다.

정서적으로 각성을 일으킨 놀라운 사건에 대하여 더욱 생생하게 기억하는 것을 섬광 기억이라고 하는데 사람들은 이때 낙관적인 정서를 기억하고자 한다.[129] 초등학생 역시 긍정적 정서를 느꼈던 기억을 떠올려 상상하는 경우가 부정적 정서를 느꼈던 기억을 떠올려 상상하는 경우보다 2배 이상 많다. 또 기억 속의 긍정 또는 부정 정서를 상상 속에

129 Conway, Anderson, Larsen, Donnelly, McDaniel, McClelland, Rawles, & Logie(1995), Wirtz, Kruger, Scollon, & Diener(2003)

서 그대로 유지하기도 하지만 상상의 내용에 따라 긍정 정서가 부정 정서로, 부정 정서가 긍정 정서로 전환하기도 한다.

(라) 의미

의미는 과거 경험한 일화가 나에게 중요한 것인지, 중요하지 않은 것인지로 구분되는데, 초등학생 대부분은 자신에게 보통 이상의 의미를 주는 기억을 떠올려 상상한다.

2) 조작 차원

(가) 분해

분해는 상상 자원을 분리하는 것인데, 초등학생 대부분은 자신에게 있었던 어떤 일화 1개를 떠올려 상상한다. 1-6학년까지 초등학생은 거의 자신에게 있었던 어떤 일화 1개를 활용하여 상상한다. 상상 자원을 능숙하게 조작하는 초등학생은 2개 이상의 일화를 떠올려 상상하기도 하고, 드물지만 어떤 경우는 일화를 떠올리지 않고 순간적으로 스치는 어떤 장면에서 갑자기 상상이 시작하는 경우도 있다.

(나) 변형

변형은 상상 자원을 과장, 축소, 삭제, 추가, 대체, 재설정하는 것이다. 먼저, 과장이나 축소는 크기, 길이, 부피, 개수 등과 같은 양적 부분이나 특성, 성질 등과 같은 질적 부분을 변형하는 것으로 초등학생 상상의 예는 우리 집이 100층이 되었을 때의 상상, 내가 기르던 햄스터의 크기가 나만큼 커졌을 때의 상상 등이다. 이처럼 초등학생들은 자신이 경험한 일화 속 지각체를 양적으로 과장하여 상상하는 것을 쉽게 여긴다.

삭제는 내가 경험한 일화 속에 포함된 지각체, 맥락, 정서 등의 일부 조건을 빼고 상상하는 것이다. 추가는 새로운 지각체, 맥락, 정서 등을 더하여 상상하는 것이다. 초등학생 상상의 예는 내가 지난 여행에서 아팠던 것을 삭제하여 실제 여행에서 하지 못했던 것들을 해보는 상상, 내가 학교가 끝나고 할 수 있는 것들을 상상할 때 여행을 추가하여 상상하는 것 등이다. 삭제는 이미 일어난 것을 빼면서 상상하는 것이고, 추가는 아직 일어나지 않은 새로운 것을 구상하고 더하여 상상하는 것이기 때문에 초등학생들은 추가보다 인지적 노력이 덜 드는 삭제를 하며 상상하는 경우가 조금 더 많다.

대체는 자신이 겪었던 일화에서 일부 조건을 다른 조건으로 바꾸는 것이고, 재설정은 자신이 겪었던 일화 속에 포함된 조건에서 벗어나 전혀 새로운 것을 설정하여 상상하는 것이다. 초등학생 상상에서 대체의 예는 내가 피아노 학원 대신 놀이터에 간 상상 등이다. 자신이 바라지 않는 것을 바라고 있는 것으로 대체하여 상상하는 것이다. 재설정의 예는 해리포터 책을 읽은 뒤 해리포터를 쓴 조앤 K. 롤링을 직접 만나는 상황을 새롭게 설정한 상상 등이다. 대체는 자신이 겪은 일화를 최소한으로 변형하기 때문에 상상의 배경이 자신이 겪은 일화와 비슷한 경우가 많고, 재설정은 자신이 겪은 일화의 현실적 조건을 완전히 벗어나 상상하는 것이기 때문에 시공간적 배경이 새로운 경우가 많다.

초등학생 1-6학년까지 학생들이 대체, 추가, 재설정으로 상상하는 경우는 90% 이상으로 매우 높고, 과장, 삭제, 축소는 거의 없거나 10% 미만이다. 초등학교 저학년은 자신이 경험한 일화 속 지각체, 맥락과 유사한 속성을 가진 것들을 추가 또는 대체하는 경우가 많고, 고학년은 전혀 다른 속성을 가진 것들을 추가 또는 대체하는 경우가 많다. 이것은 아동이 상상에서 확대 또는 과장을 우선적으로 활용한다는 비고츠키의 주장과 일치하지는 않는다. 이것은 현재의 우리나라 교육과정이 추가 또는 대체 등 제한적인 방법을 활용하여 상상하도록 하고 있는 데에서 비롯된 것일 가능성이 있다.

(다) 확장

확장은 상상 자원을 과거 또는 미래 시점 속으로 배치하는 것으로 먼 과거, 가까운 과거, 가까운 미래, 먼 미래 등 4개의 상상 시점으로 구분할 수 있다. 초등학생을 대상으로 4개의 상상 시점 중 교사가 제시한 상상 시점과 얼마나 일치하게 상상하는지 살펴보면 학생들은 상상 시점을 제시했음에도 불구하고 상상 시점을 표현하지 않거나 제시한 상상 시점과 일치하지 않게 상상하기도 한다. 하지만 학년이 증가할수록 주어진 상상 시점에 일치하게 상상한다.

초등학생이 가까운 과거 및 미래를 상상할 때는 학교, 학원, 친구 등 학생들이 자주 겪는 일상과 관련된 구체적 일화를 떠올려 상상한다. 반면 먼 과거를 상상할 때는 공룡 등 신비한 지각체, 신석기 등 몇 억 년 전 배경, 실제 있었던 역사적 사건을 중심으로 상상하고, 먼 미래를 상상할 때는 우주의 외계인, 지구 멸망, 진화 동물, 발명 등을 상상한다. 현재 시점으로부터 먼 상상은 가까운 상상과 달리 학생들이 실제 겪어보지 않은 일들에 대하여 새롭게 상상한다.

(라) 조합

조합은 상상 자원을 인과적 및 연상적 관계로 새롭게 연결하는 것인데, 초등학생에게도 상상 자원을 인과적 및 연상적으로 조합하는 능력이 있다. 초등학생은 상상의 내용을 이야기 나열식으로 구성하여 인과적 조합이 없는 상상을 하기도 한다. 그 예는 내가 중학생이 되어서 하고 싶은 일을 나열식으로 상상한 것이다. 또, 초등학생은 일의 전후가 원인과 결과로 구성되어 있는 인과적 조합이 있는 상상을 하기도 한다. 그 예는 우리 집 강아지가 사람처럼 말을 하게 되어서 유명한 스타가 된 것을 상상한 것이다. 초등학생은 상상할 때 긍정적인 것을 연상하여 조합하기도 하고, 부정적인 것을 연상하여 조합하기도 한다. 놀이공원에 가는 상상을 할 때 신기하고 재미있는 일들을 긍정적으로 연상하여 상상하거나 교통사고가 나서 놀이공원에 가지 못하고 일어난 일들을 부정적으로 연상한 상상이 그 예이다.

초등학생이 인과적 조합으로 상상하는 능력은 학년이 올라갈수록 발달한다. 상상이 작용하는 가상적 내러티브에 대한 연구에 따르면 연령에 따른 인과적 사고의 발달이 상상에 영향을 미친다.[130] 하지만 초등학생의 연상적 조합 능력은 연령에 따른 발달과 관계없이 1-6학년까지 모두 긍정적 조합으로 상상하는 경우가 많다.

130 이영자, 이지현(2005)

3) 결과 차원

(가) 통합성

통합성은 상상 자원으로 지각체, 맥락 및 정서를 얼마나 통합적으로 활용하여 상상하였는가인데, 초등학생 대부분은 상상 자원으로 어떤 일화 속에 포함된 지각체, 맥락, 정서 중 2개 이상을 선택하여 상상한다.

학년별 특성을 살펴보면 1학년은 통합성의 수준이 가장 낮고, 6학년은 가장 높다. 이것은 고학년일수록 다양한 구성 요소를 통합적으로 고려할 수 있는 통찰력이 높아지기 때문이다. 통합성은 학년이 올라갈수록 증가하다가 4학년 때 다소 낮아지기도 하는데, 이것은 4학년 학생들이 지각체 또는 맥락 중 한 가지 측면만을 특별히 강조하여 상상의 내용을 정교하고 섬세하게 구체적으로 구성하는 경향이 있기 때문이다. 6학년이 되면 구체적이고 통합적으로 표현하는 능력이 함께 발달하여 구체적이면서 통합적인 상상을 한다.

(나) 일관성

일관성은 상상 자원을 얼마나 일관된 일화로 구성하여 상상하였는가인데, 초등학생 대부분은 일관된 이야기 구조를 갖추어 상상한다. 특히 초등학교 3학년 이후부터는 상상 결과의 일관성 수준이 높아지는데, 이것은 초등학교 3학년 교육과정이 문단의 구성, 중심 문장 및 뒷받침 문장에 대한 학습 내용을 포함하고 있는 것과 관련이 있다. 중심 주제로 일관된 이야기를 상상하는 것에 영향을 미치는 것이다. 초등학교 4,5학년의 상상은 3학년보다 일관성이 조금 낮기도 하는데, 이것은 4,5학년 학생들이 상상의 내용을 길게 구성하기 시작하면서 중심 주제를 벗어난 문장을 포함하는 경우가 있기 때문이다. 하지만 6학년 때 논리적 수준이 발달하게 되면 상상의 내용이 길게 구성되어도 중심 주제에서 벗어나는 문장을 포함하는 경우가 줄고 일관성이 다시 높아진다.

(다) 신기성

신기성은 과거 지각된 일화와 비교하여 얼마나 새로운 것을 상상하였는가인데, 초등학생 대부분은 현실 세계를 벗어난 신기한 상상을 하는데 어려움을 겪는 경우가 많다. 현실 세계를 벗어난 새로운 지각체, 맥락 등을 설정하는 일이 쉽지 않기 때문이다. 초등학교 1학년부터 5학년까지 학년이 올라갈수록 상상의 신기성이 높아진다. 학년이 올라갈수록 현실 세계와 비교하여 새로운 지각체 및 맥락을 조작하여 신기한 것을 구상하는 능력이 발달하기 때문이다. 6학년의 상상에서는 신기성이 감소한다. 자신에게 주어진 현실 상황을 직시하고 자신의 삶과 연관된 진로, 꿈 등과 연계하는 등 현실적 조건을 반영하여 상상하기 때문에 신기성이 낮아진다.

(라) 구체성

구체성은 지각체, 맥락, 정서에 대한 일화적 정보를 양과 질 측면에서 얼마나 구체적으로 상상하였는가인데, 초등학생은 지각체, 맥락, 정서를 구체화하여 상상할 수 있다. 초등학교에서 학년이 올라갈수록 지각체, 맥락, 정서를 양적 또는 질적으로 구체화하여 상상하는 능력은 꾸준히 발달한다.

(마) 실현가능성

실현가능성은 현실에서 얼마나 가까운 시간에 실현가능한 것을 상상하였는가인데, 초등학생 대부분은 현재 시점이나 가까운 시일 내에 실현가능한 것을 상상하는 경향이 있다. 초등학교에서 실현가능성이 가장 높은 상상을 하는 학년은 1학년이고, 가장 낮은 학년은 4학년이다. 초등학교 1학년은 현실 세계를 벗어나지 않고 실현가능한 것들을 상상하고, 4학년은 현실 세계를 벗어나 실현가능하지 않은 것을 상상하기 좋아한다. 6학년은 현실 상황에 대한 객관적 관찰을 토대로 다시 실현가능한 것을 상상하려고 한다.

2. 과정적 이해

초등학생 상상은 환기, 구성 및 인식의 3단계 순환과정모형[131]을 근거로 과정적으로 살펴볼 수 있다. 초등학생의 상상에서 살펴볼 수 있는 일반적 특성과 학년 발달 단계에 따른 학년별 특성은 다음과 같다.

초등학생의 상상 과정은 앞서 살펴본 상상 유형에 따라 '구성', '환기-구성', '구성-인식', '환기-구성-인식'으로 분류하여 살펴볼 수 있다. 초등학생들은 '환기-구성' 과정으로 상상하는 경우가 68.0%로 가장 많다. 자신의 기억 속에서 어떤 일화를 상상 자원으로 환기하고 이것을 조작하여 새로운 상상을 구성하는 것이다. 반면 기억을 환기하지 않고 자연발생적으로 '그냥', '갑자기' 상상을 구성하는 경우도 13.3%이다. 상상을 구성하고 인식하는 경우는 1.3%로 극히 드물다. 상상의 환기, 구성, 인식의 과정을 모두 거쳐 상상하는 경우는 17.3%이다. 초등학생의 상상 과정에서는 뚜렷한 학년별 특성이 없다. 초등학생의 상상 과정은 학년별 발달과정보다 개개인의 성향을 반영하여 이루어진다.

---

131 이시은 외(2014)

1) 환기

(가) 양

상상 자원의 양은 상상할 때 떠오른 기억의 수로 살펴볼 수 있는데, 초등학생 대부분은 1개 또는 2개의 기억을 활용하여 상상한다. 초등학생 상상의 예는 할머니 댁에서 별을 본 기억과 우주에 관한 책을 읽은 기억 2개를 떠올려 우주로 여행을 가서 할머니 댁에서 본 별을 탐험하는 상상이다. 초등학교 고학년은 3개 또는 4개의 기억을 환기하여 풍부한 상상 자원으로 상상하기도 한다.

(나) 자기관련성

자기관련성은 상상에 활용하는 상상 자원이 자신을 둘러싼 것들과 연관이 있는지에 대한 것인데, 초등학생은 자신과 관련이 있는 기억을 떠올려 상상하는 경우가 50% 정도이다. 초등학생 상상의 예는 자신이 가창 평가를 본 기억을 토대로 내가 아이돌 오디션을 통과하여 세계적인 스타가 되는 상상이다. 자신과 관련 없는 것을 상상하는 예는 미래에 발명될 어떤 물건을 상상한 것이다. 초등학교 고학년은 현실에 존재하지 않는 가상의 상황을 설정하여 상상하는 등 자기관련성이 없는 기억으로 상상하는 경우가 저학년보다 많다.

(다) 빈도

빈도는 상상에 활용하는 상상 자원이 평소 자신에게 얼마나 자주 일어나는 일인가에 대한 것인데, 초등학생은 자신에게 매일 일어나는 일상적인 기억보다 놀이공원에 갔던 기억, 비행기를 처음으로 탔던 기억 등 1년에 1~2회 또는 지금까지 1회 있었던 특별한 기억을 환기하여 상상하는 경우가 많다. 얼마나 자주 겪은 일을 상상 자원으로 활용하는지에 대한 초등학생들의 학년별 차이는 뚜렷하지 않다.

2) 구성

(가) 시점

상상을 구성할 때 시점은 가상으로 설정하는 상상 시점을 말하는데, 초등학생은 과거 또는 미래 시점을 상상 시점으로 설정하여 상상하는 경우가 상상 시점 없이 상상하는 경우보다 2배 정도 많다. 예를 들어 초등학생은 과거 시점을 상상할 때 공룡시대, 석기시대, 우리나라의 역사와 관련된 시대 등 먼 과거에 대한 것이나 자신의 지난 생일, 어린이날 등 가까운 과거에 대한 것을 상상하는 경향이 있다. 미래 시점을 상상할 때는 자신의 진학, 취업 등 가까운 과거에 대한 것과 우주시대, 지구 멸망 후 등 먼 미래에 대한 것을 상상하는 경향이 있다. 초등학교 1학년 학생들은 상상 시점이 없는 상상을 하는 경우가 많고, 3학년은 과거 시점에서의 상상, 5학년은 자신의 장래 또는 미래와 관련하여 미래 시점에서의 상상을 주로 한다.

(나) 범주 변형

범주는 상상을 구성할 때 상상 자원으로 활용되는 지각체 및 맥락이 속한 것인데, 기억 속의 지각체 및 맥락의 범주는 상상의 구성 과정에서 변형되지 않거나 변형될 수 있다. 범주는 지각체 또는 맥락 중 하나만 부분적으로 변형될 수도 있고 지각체와 맥락 모두 완전히 변형될 수 있다. 초등학생 상상의 예는 동물원에서 내가 악어에게 먹이를 주었던 기억을 떠올린 후, 아마존에 가서 내가 사나운 악어를 만나 먹이가 되는 상상을 하는 것이다. 맥락 측면에서 체험환경이었던 '동물원'이 기타에 해당하는 '아마존'으로 범주 변형되었고, 지각체 측면에서 '나'는 변형되지 않았기 때문에 이 상상은 범주가 부분 변형된 것이다. 초등학생의 상상 과정에서 범주를 변형하는 3가지 유형은 골고루 나타난다. 학년별로 살펴보면 저학년의 경우는 범주의 변형이 없거나 부분 변형되는 경우가 많고, 고학년은 범주가 완전히 변형되는 경우가 많다.

(다) 장애물

장애물은 상상을 구성할 때 방해 요소를 설정했는지에 대한 것인데, 초등학생은 장애물을 포함하는 경우가 장애물을 포함하지 않는 경우보다 2배 이상 많다. 예를 들면 초등학생이 숲속 비밀의 집을 찾아가는 상상을 할 때, 커다란 구멍을 장애물로 설정하여 구멍 속에서 빠져나오기 위해 힘겹게 싸움 하는 것을 상상하는 것이다. 초등학교 고학년은 저학년보다 장애물을 설정하는 경우가 더 많고, 장애물을 해결해가는 여정을 구체적으로 상상한다.

(라) 결말

결말은 상상할 때 전개한 내용을 종합하여 마무리하는 것인데, 초등학생이 결말없이 상상을 하는 경우와 결말이 있는 상상하는 경우는 거의 비슷하다. 초등학교 저학년은 동물원에서 사자가 탈출하여 일어난 일들을 나열하는 상상 등 결말 없이 상상을 끝내는 경우가 많고, 고학년은 목성에 가서 탐험하다가 행복한 가정을 꾸리는 것으로 상상을 마무리하는 등 결말이 있는 상상을 하는 경우가 더 많다.

3) 인식

(가) 바람

바람은 상상 결과에 동화되어 현실에서도 상상한 내용이 실현되기를 희망하는 것인데, 초등학생 상상의 예는 열기구를 타고 세계 일주하는 것을 상상하며 '꼭 이루어졌으면 좋겠다' 등과 같이 자신의 상상이 실현되기는 바라는 것이다.

(나) 의문

의문은 상상 결과가 왜 그러한지, 실제로 실현될 수 있는지 등을 질문하는 것인데, 초등학생 상상의 예는 미래에 자신의 스케줄을 대형 화면에서 터치하는 것을 상상하며 '실제로 이루어질 수 있을까' 등과 같이 자신의 상상에 대해 의문을 가지는 것이다.

(다) 현실직시

현실직시는 상상 결과와 현재 상황을 대조하며 현실을 있는 그대로 바라보는 것인데, 초등학생 상상의 예는 시험에서 만점을 받아 부모님에게 칭찬받는 것을 상상하며 '잠에서 깨어보니 꿈속에서 일어난 일이었고 나는 시험에서 틀린 문제를 고치고 있다' 등과 같이 상상과 현실을 분리하여 현실을 직시하는 것이다.

(라) 계획

계획은 상상 결과를 실현하기 위한 실행 계획 및 다짐 등을 하는 것인데, 초등학생 상상의 예는 금메달을 따는 수영선수가 되는 것을 상상하며 '나도 금메달을 따기 위해 지금부터 수영을 열심히 연습해야겠다.' 등 과 같이 상상을 실현하기 위한 실행 계획 및 다짐을 세우는 것이다.

2부

◆

상상교육

V

상상교육의 원리

"상상교육은
상상하는 힘을 주는 일이다."

상상은 언제, 어디서나 일어날 수 있다. 상상은 현실 세계를 벗어난 가상 세계를 정신적으로만 그리는 자유로운 활동이기 때문이다. 하지만 상상은 그렇게 간단한 정신 활동이 아니다.[132] 실제로 경험하지 않은 가상 세계를 조작적 경험 없이 정신적으로만 구성하는 일이 쉽지 않기 때문이다. 상상'력'을 발휘하는 것이 뒷받침되어야 한다. 상상을 쉽게 하는 사람이 있는가 하면 상상이 어려운 사람도 있고, 독특한 상상을 하는 사람이 있는가 하면 평범한 상상을 하는 사람도 있다. 상상력을 발휘하는 모습에 개인차가 있는 것이다.

상상력을 발휘하는 과정에 상상교육이 영향을 미칠 수 있을까? V장에서는 상상의 교육적 가치에 대해서 논의하고자 한다. 1장에서는 상상력 발달에 영향을 미치는 다면적 요인들을 토대로 상상교육의 가능성을 살펴볼 것이다. 2장에서는 상상력 발휘가 학생들에게 미치는 영향을 토대로 상상교육이 왜 필요한지 알아볼 것이다. 3장에서는 상상교육의 원리를 여러 가지 측면에서 제안할 것이다. 이것은 상상력의 발달에 영향을 미치는 상상교육의 역할을 살펴보는 데 의의가 있다.

---

132 Sanna(2000)

◆

1. 상상력을 가르칠 수 있을까?

◆

상상교육의 가치는 교육으로 상상력을 발달시킬 수 있는 것인가에 달려있다. 상상력이 학습을 통하여 향상될 수 있어야 상상교육이 의미 있어지기 때문이다. 상상교육이 가능한 것인지 살펴보기 위해 상상력 발달의 다면적 요인들을 살펴보겠다.

생물학적 요인

상상력은 생물학적으로 타고난 성격 특성인 기질과 연령의 영향을 받는다. 기질은 상상력의 개인차와 관련지어 연구되고 있다. 개인이 가진 어떤 기질은 상상을 돕기도 하고 어떤 기질은 상상을 방해하기도 한다. 상상력과 관련된 판타지 연구는 상상력에 영향을 미치는 기질을 살펴보았다.[133] 이 연구에 따르면 개방성, 외향성, 공감, 심상 능력, 직

133 Weibel et al.(2018)

관, 이인증, 창조적 자기효능 등의 성격 특성은 상상력의 발달을 방해하기도 하고, 촉진하기도 한다. 개방성은 창의적이고 발산적인 사고를 돕는데 특히, 판타지에 대한 개방성은 생생한 상상력 및 판타지와 관련이 높다.[134] 외향성은 창조적 판타지와 관련이 있어서 외부 세계에 창조적 산출물을 생산하는 것과 관련이 있다. 공감은 다른 사람들이 경험하는 감정을 인식할 때 상상력을 동원하는 것과 관련이 있다. 심상 능력 및 직관은 판타지와 중간 정도 관련이 있고, 자기를 낯설게 느끼는 이인증은 상상적 판타지와 높은 관계가 있다. 창조적 자기효능은 자신의 창조적 사고를 통해 문제를 해결할 수 있다고 믿는 것으로 긍정적인 상상과 연관이 있다.[135]

상상의 빈도, 복잡성, 정서 유지, 지향성 등과 성격적 기질의 관계에 대한 연구도 있다.[136] 빈도는 상상에 얼마나 많은 시간을 쓰는가에 대한 것으로 성실하지 못하고 신경질적인 기질과 관련이 있다. 생생함은 상상이 얼마나 구체적이고 세부적인가에 대한 것으로 개방적 기질과 관련이 있다. 정서 유지는 상상이 긍정적 또는 부정적인가에 대한 것인데 외향적이지 않고 성실하지 않으며 신경질적인 기질과 연관이 있다. 지향성은 상상이 구체적 목표나 결과를 얼마나 지향하는가에 대한 것인데 성실하고 개방적인 기질과 관련이 있다.

상상은 기질뿐만 아니라 연령도 관련이 있다. 유아기는 인과적 사고, 상상과 현실 세계의 구분, 사후가정 사고, 거짓신념, 만족지연, 언어 및

134 De Raad(1998), McCrae(1987). Weibel, Wissmath, & Mast, (2010), Costa & McCrea(1992), Schredl & Erlacher(2004)

135 Beghetto(2006)

136 Zabelina et al.(2020)

정서 등이 자연스럽게 발달하는 시기이다.[137] 상상력은 이 시기에 발생하는 능력들을 바탕으로 발달한다. 2세 무렵에는 인과 관계에 의한 상상을 전개하는데 필요한 인과적 사고 능력, 상상과 현실 세계를 구분하는 능력, 언어 능력이 발달하기 시작한다. 특히 2세 이후 급격히 발달하는 언어 능력은 상상을 위한 중요한 인지 도구로 작용한다. 3~4세 무렵에는 현실에서 일어난 결과 대신 다른 결과가 일어날 수 있는 상황을 상상하는 사후가정사고 능력이 발달한다. 현재가 아닌 시점을 상상하는데 필요한 거짓신념은 3~4세 무렵에 발달하기 시작하여 5세에는 빈번하게 일어난다. 4세 무렵에는 더 나은 미래를 위하여 현재의 욕구를 억제하는 만족지연 능력이 발달하여 미래를 상상할 수 있게 된다. 6세 이상 유아들은 정서가 발달하여 상상에 대해 몰입하고, 성인처럼 상상 활동에서 일어나는 정서를 조절할 수 있게 된다. 상상교육이 생물학적 측면에서 개인의 타고난 기질을 고려하고 연령별 발달 수준에 맞추어 이루어진다면 상상력을 발달시킬 수 있을 것이다.

사회문화적 요인

상상력은 생물학적 요인뿐만 아니라 사회문화적 요인의 영향도 받는다. 상상력 발달에 영향을 미치는 사회문화적 요인은 가상놀이 연구에서 살펴볼 수 있다.[138] 놀이는 현실을 지각하고 세계를 이해하는 수단으로서

137 Atance et al.(2005a), Atance et al.(2013), Byrne(2005), Harris(1991/2000), Wellman et al.(2001)

138 민미희, 이순형(2004)

사회문화적 환경과 밀접한 연관이 있다. 특히, 유아의 가상놀이는 보이지 않는 대상을 표상하거나 시간, 공간, 역할 및 사물을 실제와 다르게 변형하는 것을 포함하는데, 유아는 이때 순간적으로 번뜩이는 아이디어로 상상력을 발휘하며 놀이한다. 가상놀이에서 유아의 아이디어에는 사회문화적 요인이 영향을 미친다. 엄마, 아빠 놀이에서 엄마 역할 인형에게 치마를 입히고, 아빠 역할 인형에게 넥타이를 매어 놓는 것이 그 예다.

연령별 가상놀이 발달 단계 연구에서 상상력에 영향을 미치는 사회문화적 요인들을 자세히 엿볼 수 있다.[139] 가상놀이 시작 단계에서는 자신에 대한 것을 상상하고, 연령이 증가함에 따라 타인과 관련지어 상상한다.[140] 예를 들어 처음에는 유아 혼자 장난감으로 가상의 식사 놀이를 하다가 나중에는 엄마, 아빠, 친구 등 다른 역할의 인물들과 함께 가상의 식사 놀이를 하는 등 연령이 증가하면서 가상의 상황을 분화해 간다. 가상놀이에서 어떤 음식을 먹을지, 무엇으로 먹을지 등을 결정할 때 사회문화적 환경 요인이 자연스럽게 반영된다. 우리나라에서 자란 아동은 음식을 먹기 위하여 숟가락과 젓가락을 상상하지만, 다른 나라에서 자란 아동은 포크와 나이프를 상상하여 놀이할 것이다. 가상놀이가 자신에게 국한되어 이루어지든, 타인을 포함하여 이루어지든 아동이 습득한 사회문화적 인지 수준 범위 내에서 이루어지는 것이다.

가상놀이가 한 단계 더 발달하면 아동은 두 개 이상의 가상행동을 통합한다. 예를 들면 가상놀이에서 음식을 먹는 행동에 이어서 음식을 나누어 주거나 치우는 등의 행동도 연속적으로 상상할 수 있게 된다. 또 사물 중심의 가상놀이에서 엄마 또는 의사 등 특정 역할을 상상하고 그

---

139 Howes, Unger, & Seidner(1989)

140 Piaget(1962)

역할에 맞는 일련의 행동을 상상하는 가상놀이로 발달한다. 사물의 활용이나 특정 역할이 담당해야 할 일련의 행동들을 상상할 때 사회문화가 인정하는 범위 내에서 이루어지기 쉽다. 예를 들어 엄마의 양육이 주가 되는 사회라면 엄마 역할을 맡은 아동은 아이 돌보기, 식사 준비하기 등과 관련된 행동을 상상할 것이다. 이같이 상상의 수준이 높아지고, 복잡한 형태로 발달하는 과정에서 사회문화적 요인은 지속적으로 영향을 미친다. 아동의 상상력은 사회문화적 인지와 함께 발달하므로 상상교육은 아동이 인지하는 사회문화적 배경을 고려하여야 한다.

교육적 요인

다소 부족한 생물학적 요인이나 열악한 사회문화적 환경에서도 교육은 학습과 발달을 지원한다. 상상교육에서 이루어지는 목표지향의 의도적 활동이 개인의 자유로운 상상을 내재적으로 억압할 수도 있기 때문에 상상교육의 가능성을 부정적으로 보는 견해도 있다.[141] 하지만 학교교육 속에서 상상교육의 역할을 오랜 시간 연구한 학자들은 상상교육의 중요성을 강조하고 있다.[142]

이건과 저드슨(2009)은 유치원부터 4학년까지와 5학년부터 9학년까지 학생들의 상상 특성을 구분하였고, 상상교육의 구체적 방법을 제안하였다.[143] 유치원에서 4학년까지 학습 활동에 상상 스토리 구성, 마음속으로 이미지를 떠올리기, 재미있는 내용 등을 포함할 때 학생들의 학

141 최지현(2007)

142 Egan(2005)

습은 효과적으로 이루어진다. 5학년에서 9학년까지의 학습 활동에 극단적인 상황 또는 경험의 한계를 초월하는 영웅적인 것에 대한 상상을 포함할 때 학생들의 학습에서 긍정적 효과를 기대할 수 있다.

상상력의 발달을 교육적 맥락에서 살펴보기 위해서는 교사와 또래의 역할이 중요하다. 상상의 상황을 만들고 유지하는 데에는 교사의 적극적인 역할이 있어야 한다. 예를 들면 교사의 발문으로 아동이 사물과 행동에 새로운 의미 부여를 할 수 있도록 도와 아동의 상상 활동을 촉진할 수 있어야 한다. 아동의 상상이 활발히 이루어지는 가상놀이에서 교사의 적절한 언어 사용과 섬세한 반응이 아동의 상상력에 긍정적인 효과를 미친다는 연구 결과도 이를 뒷받침한다.[144]

교사의 역할 못지않게 집단적 상상력을 발휘할 수 있는 또래의 역할도 강조되고 있다.[145] 교사의 주도적인 상상 놀이보다 아동 중심의 상상 놀이가 더 나은 학습을 할 수 있도록 한다는 연구 결과도 있다.[146] 교사가 주도한 놀이 계획이 있더라도 아동의 의도에 따라 조절되어 즉흥적인 놀이로 변경되었을 때 즐겁고 창의적인 놀이 상황이 창출되어 결과적으로 아동에게 유익한 학습이 된다는 것이다. 교사가 아동에게 자유로운 상상을 허용하면 아동은 실제에 대한 모방이 아닌 또래의 감정과 생각을 존중한 창의적 심상을 떠올려 상상을 더 잘 할 수 있게 될 것이다. 상상교육이 아동 발달 특성 및 교사와 또래의 상호작용을 고려하여 교육 활동을 계획하면 아동은 기존의 사회문화적 지식이나 기술을 그대로 학습하는 것에서 벗어나 더 나은 상상력을 발휘할 수 있도록 발달할 것이다.

---

143 Egan & Judson(2009)

144 Howes(1995)

145 Fleer(2012)

146 Lobman(2003)

2. 상상교육을 왜 해야할까?

인류 문명은 지금 여기를 뛰어넘는 상상력을 원동력으로 지속적으로 발전해 왔다. 상상력으로 현실 속 제약을 벗어나 새로운 시대를 열어왔다. 동굴에서 시작된 주거지가 현재의 고층 아파트까지 발전하였고 더 나아가 생명체가 살 수 있는 또 다른 행성을 찾는 연구가 계속되고 있듯이 우리는 상상을 통해 과거를 지나 현재에 이르렀고 미래로 나아갈 새로운 것을 마음속으로 구상하고 있다.

상상은 인류 문명의 발전뿐만 아니라 개인의 삶에도 영향을 끼친다. 과거 경험 속에 실재하는 것들을 조작하여 새로운 것을 구성하는 상상 과정을 통해 익숙한 것으로부터 벗어나 새로운 시각으로 인간의 경험을 넓히고 심화시킨다. 과거에 일어난 어떤 일화 속에 포함된 한계를 극복하기 위해 새로운 가능성을 상상하고, 이를 통해 미래의 삶을 바꾸어 나가듯이 상상은 과거와 현재, 더 나아가 미래의 경험을 통합하는 과정이라 할 수 있다.

상상이 인류 문명의 발전과 개인의 삶에 지속적으로 영향을 미쳐왔음에도 불구하고 교육현장에서는 상상과 교육의 관계를 충분히 논의하지 않고 있었다. 앞 장에서 살펴보았듯이 상상력은 발달 가능한 것이므로 복잡한 양상의 상상 구조가 상상력으로 발휘되기 위해서는 체계적인 상상교육이 필요하다.

오랫동안 상상을 환상, 공상, 망상 등 제한적인 방식으로 해석해 온 탓에 상상은 교육의 영역 속에 포함되지 못했었다. 그러나 최근 인지심리학자들이 상상을 인지적 과정으로 연구하기 시작하면서 상상교육의 가치를 짚어볼 수 있게 되었다.

상상을 교육 장면에 활용하면 인지적, 정서적, 행동적, 창의적 측면에서 학생들의 바람직한 변화를 이끌 수 있다. 인지적 측면에서 상상은 학생들의 학습 및 문제 해결에 영향을 미친다. 상상은 학습 과정에서 학습 동기를 부여하고 학업 성취를 높인다.[147] 학습 주제와 관련된 흥미로운 상상으로 학습 의욕을 고취시킬 수 있는 것이다. 또 학습 내용을 재구성하는데 학습자의 상상을 적용하면 학습자에게 유의미한 구성을 하도록 하여 학습을 도울 수 있다. 실제로 학습 상황에서의 상상이 수행목표, 실행 및 성공에 영향을 미쳐 학업 성취를 높일 수 있다는 연구 결과도 있다.[148] 또, 문제 해결 과정에서 상상은 최선의 선택을 할 수 있도록 돕는다.[149] 여러 가지 가상의 상황을 상상하면서 정보를 얻고 이를 대조 평가하여 해결 방법을 선택할 수 있기 때문이다. 문제를 일으켰던 요소나 문제 해결을 방해했던 요소를 추론하는 상상도 유사한 문제 상황을 방지하거나 보다 나은 해결책을 제시할 수 있도록 돕는다.[150]

정서적 측면에서 상상은 정서조절, 타인 이해 및 심리치료에 영향을 미친다.[151] 상상은 정서유지, 정서개선, 자기보호, 자유 판타지 등을 통

---

147 Taylor et al.(1998), Thomas et al.(2011)

148 Roese(1994)

149 Walker et al.(2013)

150 Roese(1994, 2001)

해 정서를 조절할 수 있도록 한다.[152] 사람들은 현재 눈앞에 긍정적 결과가 있을 때 상상을 통해 현재의 긍정적 정서를 계속 유지하고 싶어 한다. 반대로 부정적 결과가 있을 때는 상상을 통해 현재 경험하고 있는 부정적 정서를 개선하고자 노력한다. 또 아직 일어나지 않은 부정적 결과를 미리 상상하는 것으로 문제 상황으로부터 자신을 보호하고자 하고, 현재 자신의 처지와 상관없이 미래에 일어날 어떤 자유 판타지를 상상하기도 한다. 이처럼 상상과 정서는 불가분의 관계에 있다.[153] 내러티브 상상력 연구에 따르면 상상은 감정이입에 작용하여 다른 사람 입장을 생각하게 하고 다른 사람의 이야기를 주의 깊게 들으며 그들의 감정, 소망 및 욕망을 이해하는 등 타인을 이해하는 데 영향을 미친다.[154] 심리치료 면에서도 상상은 불안, 왜곡된 스키마, 분열 및 편집증을 완화시키기 위한 수단으로 활용된다.[155]

행동적 측면에서 상상은 문제 행동 수정과 운동 능력 및 직업 기술 등 수행 능력 향상에 효과가 있다.[156] 사람들은 가상의 상황에 접근할지, 회피할지를 판단하여 접근이 기대되는 상상을 실현하기 위하여 노력하고, 회피가 요구되는 상상을 방지하기 위해 현재의 행동을 수정한다.[157] 예를 들어 매일 체력 훈련을 해야 하는 마라톤 선수가 훈련에 참석여부를 선택해야 할 때, 체력 향상을 목표로 한다면 훈련하는 상상에 접근하고 훈련하지 않는 상상을 회피한다면 이 선수는 체력 훈련을

151 Gaesser et al.(2014), Roese et al.(2005)
152 Roese et al.(2005)
153 Vygotsky(1930/2004)
154 Nussbaum(1998)
155 Zabelina et al.(2020)
156 Arcavi(2003), Schacter et al.(2008)
157 Schacter et al.(2008)

지속할 수 있게 된다. 상상이 실제 행동 수행에 영향을 미쳐 문제 행동의 수정을 돕는 것이다. 또한, 수행 과정을 단계별로 상상하는 것은 운동 및 기술 등 행동적 수행 능력 향상에도 도움이 된다.[158] 올림픽에 참가하는 선수들은 운동 동작을 단계별로 상상하며 세부 동작을 다듬고 이를 통해 운동 능력을 향상시킨다. 스포츠 선수가 세계 신기록을 세우기 위해 경기장에 들어서는 것부터 완벽한 레이스를 펼치는 장면까지를 단계별로 시뮬레이션하며 상상하는 것으로 운동 능력을 향상시키는 것이 예이다.

창의적 측면에서 상상은 창의적 사고 과정에 기여 한다.[159] 상상은 전통, 관습, 친숙한 것에서 벗어나 현재를 초월한 더 나은 차원과 맥락을 떠올릴 수 있기 때문에 창의성의 중요한 원천으로 작용한다.[160] 현재에 주어진 정보 이상의 어떤 결과물을 창조하는 바탕에는 상상력이 전제되어야 한다.

상상교육은 인지적, 정서적, 행동적, 창의적 측면에서 다각적으로 학생 발달에 영향을 미친다. 상상 활동을 다양한 교육 장면에서 실행한다면 학생들의 인지, 정서, 행동 및 창의적 발달에 도움이 될 것이다. 학교에서는 바람직한 교육적 효과를 기대할 수 있는 상상교육을 위해 다방면으로 고민해야 한다.

---

158 Taylor et al.(1998)

159 LeBoutillier et al.(2003)

160 윤여탁(1999)

◆

3. 상상교육의 원리는 무엇일까?

◆

구조성의 원리

상상교육은 구조성의 원리가 있다. 상상이 자원, 조작 및 결과의 3차원 구조[161]를 가지고 있기 때문이다. 상상은 각 차원에 포함된 하위 요소들의 결합 방법에 따라 상상의 내용이 크게 달라진다. 상상 구조에서 어떤 자원을 선택하고, 어떻게 조작하며, 결과가 어떤 특성을 가지고 있느냐에 따라 상상이 달라지는 것이다. 상상교육은 상상의 3차원 구조를 기반으로 하위 요소들의 다양한 결합 양상을 가르쳐 학생들이 상상하는 방법을 학습 할 수 있도록 해야 한다.

과정 중심의 원리

상상교육은 과정 중심의 원리가 있다. 상상은 새로운 것을 창조하는 과정으로서 환기, 구성 및 인식의 순환과정[162]을 거쳐 이루어지기 때문이

161 이시은 외(2014)
162 이시은 외(2014)

다. 상상교육은 학생들이 기억 속의 일화 중 어떤 것을 상상 자원으로 환기할 수 있도록 하고, 상상 자원의 조작 방법을 안내하여 상상의 내용을 구성하도록 하며, 상상한 결과를 자신의 삶 속에서 인식할 수 있도록 해야 한다.

자율성의 원리

상상교육은 자율성의 원리가 있다. 상상은 시·공간을 초월하여 가상의 세계를 마음속에서 자유롭게 꿈꾸는 일이기 때문이다. 상상은 개인의 자유 의지를 토대로 구성할 수 있다. 상상교육은 상상 활동이 가지는 자율적 특성을 반영하여 학생들이 현실 속 제약을 벗어나 개인의 요구를 토대로 가상의 세계를 자유롭게 상상할 수 있도록 해야 한다.

확장성의 원리

상상교육은 확장성의 원리가 있다. 상상은 자신이 속한 현실 세계의 사회적 관점과 가치관에 대한 이해를 바탕으로 가상의 세계를 마음속으로 그리며 경험 세계를 확장할 수 있도록 한다. 상상으로 인해 현실 세계에서 경험하지 못하는 것을 가상의 세계에서 무궁무진하게 경험할 수 있다. 상상교육은 학생들이 상상을 통해 현실의 시·공간을 초월하여 경험 세계를 확장할 수 있도록 해야 한다.

통합성의 원리

상상교육은 통합성의 원리가 있다. 상상은 학생들의 인지 발달에서 중요한 역할을 하고, 정서조절을 도우며, 행동 수정에 영향을 미치기 때문이다. 상상교육은 학생들의 인지, 정서, 행동적 능력을 통합적으로 발달시킬 수 있도록 도모해야 한다.

VI

상상교육의 실제

“상상의 날개,
학교에서 펼치다.”

1. 상상교육의 목표

우리 사회는 미래사회로 나아가는 변곡점에 서 있다. 다양한 분야에서의 혁신적 변화를 막연히 기대하고 있지만 미래사회의 모습을 예측하는 일이 쉽지는 않다. 어쩌면 미래사회는 현재에 존재하는 것만으로는 대처하기 어려울 수도 있다. 우리가 새로운 것을 창조하고자 할 때 비로소 미래사회에 적응할 수 있게 될지 모른다.

상상은 현재를 넘어 미래로 나아가는 징검다리가 되어 줄 수 있다. 상상이 현재 시점을 벗어나 새로운 것을 창조하는 일이기 때문이다. 따라서 미래 교육에서는 상상교육이 강조되어야 한다. 학교에서는 미래사회를 이끌어 갈 학생들의 상상교육을 위해 길라잡이가 되어 줄 상상교육의 구체적 목표가 있어야 한다.

통합적 발달을 도모한다.

상상교육은 인지, 정서, 행동 및 창의적 측면에서 학생들의 통합적 발달을 도모해야 한다. 앞서 살펴보았듯이 상상은 학업 성취 및 문제

해결 등 인지 능력 향상에 영향을 미치고, 긍정적 정서를 계속 유지하거나 부정적 정서를 극복하는 등 정서조절과 밀접한 연관이 있다. 또, 문제 행동 수정 및 수행 능력 향상에도 영향을 미칠 뿐만 아니라 창의적 발달도 돕는다. 상상교육은 학생들이 인지, 정서, 행동 및 창의적 측면에서 통합적으로 발달할 수 있도록 다양한 교육 장면 속에서 학생들의 상상을 이끌어야 한다.

경험 세계를 확장한다.

상상교육은 학생들의 경험 세계를 확장할 수 있도록 해야 한다. 상상은 현실에 실재하는 것들에서부터 시작하지만 상상 과정을 거치면서 현실로부터 멀어지게 된다. 현실에서 경험할 수 없던 것들도 상상을 통해 가상 세계에서는 경험할 수 있게 된다. 상상하면서 현실의 제약에서 벗어나 새로운 경험을 무한히 쌓을 수 있게 되는 것이다. 상상교육은 학생들이 세상에 대한 이해를 바탕으로 새로운 장면을 상상하면서 경험 세계를 확장할 수 있도록 해야 한다.

창의적 발달을 촉진한다.

상상교육은 학생들의 창의적 발달을 촉진할 수 있어야 한다. 상상과 창의성은 불가분의 관계에 있다. 상상이 창의성의 원동력으로 작용하기 때문이다. 상상교육은 학생들이 창조적 과정에서 상상력을 발휘하여 창의적으로 발달할 수 있도록 해야 한다.

바람직한 상상을 유도하여 긍정적 변화를 기대한다.

상상교육은 학생들이 바람직한 상상을 할 수 있도록 유도해야 한다. 상상의 세계는 마음속에서 제약 없이 이루어지는 것이기 때문에 간혹 현실 세계에서 금기시되거나 제한하는 것을 상상하기도 한다. 언젠가는 실현될지도 모르는 상상을 현재의 과학 수준에서 판단하여 실현가능성 없는 공상으로 단정할 수 없듯이 현재의 윤리 규준에 벗어난 상상을 무조건 제한할 수는 없다. 하지만 교육은 학생들의 바람직한 변화를 기대하는 것이므로 상상교육도 학생들의 삶에 긍정적으로 영향을 끼칠 수 있는 바람직한 상상을 목표로 해야 한다.

상상 고유의 유희적 측면을 고려해야 한다.

상상교육은 학생들에게 상상의 유희적 요소를 즐길 수 있는 기회를 제공해야 한다. 사람들이 히어로 시리즈에 열광하는 이유는 현실에 실재할 수 없는 것들을 이뤄주는 영웅들을 상상하는 것이 사람들에게 즐거움을 주기 때문이다. 상상교육은 제약없이 자유롭게 이루어지는 상상의 고유한 특성이 교육적 기획과 의도 속에서 훼손되지 않도록 주의해야 한다. 학생들이 상상 고유의 유희적 가치를 경험하고 즐길 수 있도록 해야 하는 것이다.

학업 성취를 지원하는 학습 도구로 활용한다.

상상은 학생들이 효과적으로 지식을 습득하고 학업을 성취할 수 있도록 돕는 학습 도구로 활용될 수 있다. 상상을 통한 학습 방법에 대한 연구에서는 상상 스토리, 이미지 등이 학생들의 학습 활동을 지원하고 돕는다고 하였다.[163] 학습은 이미 알고 있는 내용과 새로운 내용을 연결하면서 일어나는데, 상상은 이러한 학습이 원활하게 이루어지도록 할 수 있기 때문이다.[164] 상상교육은 학생들의 상상을 학습 도구로 활용하여 지식 습득 및 학업 성취를 도와야 한다.

---

163 Egan(2005)

164 Donovan, Bransford, & Pellegrino(1999)

2. 상상교육의 내용 및 방법

그동안 학교에서 학생들의 상상은 개인의 역량에 의존해왔다. 상상이 가진 자유라는 속성에 기대어 오롯이 학생들의 몫이 되어왔다. 상상의 자유는 무엇에도 제약받지 않기에 쉬운 일처럼 여겨질 수도 있지만, 상상은 실재하지 않는 것을 마음속으로만 구상하는 것이기 때문에 그리 쉬운 일만은 아니다. 또 마음속으로 구상했더라도 현실에서 실재하는 요소로 형상화하여 표현하는 일은 더욱 어려운 일이다.

학령기가 시작되는 7세 이후는 상상 활동에 의도적인 가르침이 요구되는 시기다.[165] 역할극을 활용한 창의성 훈련이 창조적 상상력을 높인다는 연구 결과에서 알 수 있듯이 상상력을 향상시키기 위한 특별히 계획된 교육 활동이 필요하다.[166] 개인적 즐거움으로 그치는 유아의 상상과 달리 상상의 고유한 속성인 상상의 자유를 제한하지 않는 범위 내에서 교육 목표에 부합하는 활동을 안내해야 하는 것이다.

상상교육은 학생들이 막연하게 상상하지 않도록 상상하는 방법에 대한 세심한 가르침이 있어야 한다. 물고기를 잡기 위해 그물을 만드는

165 Caiman et al.(2018)

166 Karwowski & Soszynski(2008)

방법부터 익히는 것과 같다. 학생들에게 상상하는 방법을 구체적으로 가르치면 학생들은 다양하고 풍부한 상상을 할 수 있게 될 것이다. 상상하는 방법은 상상의 3차원 구조[167]를 근거로 구체화 할 수 있다. 상상의 3차원 구조는 상상 과정에서 다루어야 할 요소들을 차원별로 세분화하여 포함하고 있기 때문이다. 이 장에서는 자원, 조작 및 결과 차원 등 상상의 3차원 구조에 기반하여 상상교육의 내용 및 방법을 제안할 것이다.

1) 자원 차원

상상은 날개 달린 듯 자유롭게 이루어져야 하지만 학생들은 막상 무엇을 상상할지 결정하는 것부터 어려워한다. 때론 관습적 주제를 벗어나지 못하고 뻔한 상상을 하기도 한다. 상상 그리기 작품에서 우주 행성이나 바다 속 도시 세계를 상상 주제로 흔하게 볼 수 있는 것이 그 예이다. 상상교육은 학생들이 상상을 쉽게 시작할 수 있도록 돕는 것이어야 한다. 상상이 막연하고 어려운 학생들에게 무엇을 상상할지를 결정하는 방법에 대해 가르쳐주어야 하는 것이다.

무엇을 상상하는가는 상상 구조의 자원 차원에서 살펴볼 수 있다. 상상 자원은 학생들이 직·간접적으로 경험한 것들에서 얻을 수 있는데, 상상 자원으로 무엇을 떠올리느냐에 따라 상상의 내용이 결정된다. 따라서 자원 차원에서 상상교육은 자유롭고 허용적인 분위기를 조성하

167 이시은 외(2014)

여 학생들이 직접적으로 경험했던 일화, 꿈속에서 있었던 장면 및 영화, 도서, 게임과 같은 매체를 통해 간접 경험했던 일화 등 다양한 경험을 자유롭게 떠올릴 수 있도록 해야 한다.

자원 차원에서 다루어야 할 상상교육의 구체적 내용은 학생들이 상상에 활용할 수 있는 지각체, 맥락, 정서, 의미 등을 활성화시키는 것이어야 한다. 자신과 관련된 일화를 떠올려 그 경험 속에 포함된 지각체, 맥락, 정서, 의미를 구분하고 조작 가능한 형태로 마음에 담아둘 수 있도록 하는 것이다.

자원 차원에서 실행할 상상교육의 방법은 상상 목표에 따라 학생들이 상상 자원을 다양하게 떠올릴 수 있도록 하는 것이다. 다음은 자원 차원에 포함된 지각체, 맥락, 정서, 의미를 범주로 구분하여 가르치는 방법과 예이다.

첫째, 상상 자원으로 지각체의 범주는 인물, 동물, 사물, 기타로 구분된다. 인물의 범주는 가족, 친구, 선생님 등을 포함한 친숙한 대상, 영화나 도서, 게임 등 매체 속의 등장인물, 가상의 인물 등으로 구분할 수 있다. 상상교육 목표에 따라 지각체를 활용하도록 해야 한다. 자신을 둘러싼 문제 해결 또는 소망 실현을 상상 목표로 한다면 학생들이 자신과 관련된 친숙한 대상을 지각체로 떠올릴 수 있도록 하고, 정서조절을 목표로 한다면 다양한 매체 속의 주인공이 처한 상황을 떠올려 감정이입 하는 상상과 연결하며, 현실 세계를 뛰어넘는 창의적 상상을 목표로 한다면 현실에 존재하지 않는 가상의 지각체를 떠올려 상상하도록 할 수 있다.

상상 목표	상상 자원(지각체)	상상의 예
자신을 둘러싼 문제 해결 또는 소망 실현	과제를 하지 않아서 엄마에게 혼났던 일	과제를 다 해서 엄마에게 칭찬받는 상상
감정이입을 통한 정서조절	동화 속 신데렐라가 무도회가 열린다는 소식을 듣고 무도회장에 가기 위해 집안일을 했던 일	신기한 놀이터가 있다는 소문을 듣고 친구들과 함께 가기 위해 많은 과제를 꿋꿋하게 해결하는 상상
현실 세계를 뛰어넘는 창의적 활동	내가 하기 싫은 일을 해주는 가상의 인물을 새롭게 설정	내 생각대로 과제를 해주는 AI 로봇을 상상

둘째, 상상 자원으로 맥락적 범주는 일상 환경, 근접 환경, 체험 환경으로 구분된다. 초등학생이라면 일상 환경은 자신이 매일매일 접하는 학교, 집, 학원, 놀이터 등이고, 근접 환경은 매일매일은 아니지만 일상 환경 근거리에 있으면서 자주 접하는 마트, 교회, 병원, 식당, 공원, 할머니 댁 등이며, 체험 환경은 특별한 체험을 할 수 있는 동물원, 놀이공원, 수영장, 스키장, 문화유적지 등이다. 일상적 상상을 목표로 한다면 일상 환경 또는 근접 환경에서 나를 둘러싼 일상적인 일을 떠올려 상상 자원으로 활용하도록 할 수 있고, 창의적 상상을 목표로 한다면 체험 환경에서 특별한 체험을 떠올려 상상 자원으로 활용하도록 할 수 있다.

상상 목표	상상 자원(맥락)	상상의 예
현실에서 실현가능한 일상적 상상	학교에서 급식 먹은 일	학교에서 급식 메뉴로 내가 먹고 싶은 것만 나오는 상상
현실 속 제약을 벗어나는 창의적 상상	가족과 함께 해외여행 가서 새로운 음식을 먹어본 일	내가 만든 크루즈로 아프리카 난민 가족 모두를 여행시켜 주며 맛있는 음식을 나누어 주는 상상

셋째, 상상 자원으로 정서적 범주는 행복, 기쁨, 재미, 즐거움, 통쾌, 흐뭇함 등 긍정 정서와 슬픔, 무서움, 혼남, 짜증, 창피함 등 부정 정서로 구분된다. 상상 자원으로 긍정 정서를 떠올려 긍정 정서를 유지하는 상상을 하거나 부정 정서로 전환하는 상상을 하도록 할 수 있다. 반면 상상 자원으로 부정 정서를 떠올려 긍정 정서로 전환하는 상상을 하거나 부정 정서를 심화시키는 상상을 하도록 할 수도 있다. 하지만 학생들에게 상상의 교육적 효과를 기대한다면 긍정 정서를 유지 또는 확장하거나 부정 정서를 긍정 정서로 전환할 수 있는 상상을 유도하는 것이 좋을 것이다.

상상 목표	상상 자원(정서)	상상의 예
긍정 정서를 유지 또는 확장	놀이공원에서 놀이기구를 타며 친구와 함께 즐거운 시간을 보냈던 일	친구와 함께 탈 수 있는 신기한 놀이기구가 있는 새로운 놀이공원을 상상
부정 정서를 긍정 정서로 전환	놀이공원에 갔는데 비가 와서 친구와 놀이기구를 타지 못했던 일	놀이공원에 가게 되었는데 날씨가 맑아서 친구와 재미있게 놀 수 있는 상상

넷째, 상상 자원으로 의미의 범주는 자신에게 의미 부여된 정도에 따라 구분된다. 어떤 상상 자원을 활용하더라도 상상 과정에서 자신에게 가치 있는 의미를 부여하여 상상하도록 할 수 있다. 하지만 학생들의 경험 속에서 의미 있는 소중한 것을 상상 자원으로 활용하도록 할 때, 학생들은 상상 자원을 소중히 다루고 상상 활동을 더욱 가치 있게 생각하게 될 것이다. 자원 차원에서 상상 교육의 방법은 학생들에게 의미 있는 것들을 떠올려 상상 자원으로 활용할 수 있도록 하는 것이다.

2) 조작 차원

학생들이 상상 자원을 머릿속에서만 조작하는 일은 쉽지 않다. 상상을 위해 상상 자원을 기억 속에서 떠올렸지만, 이것을 자유롭게 조작하지 못하면 상상으로 나아가지 못하고 기억을 회상하는 것에 머무르게 된다. 조작 차원에서 상상교육은 학생들이 상상 자원을 자유롭게 조작하여 상상할 수 있도록 이끄는 것이어야 한다.

조작 차원에서 다루어야 할 상상교육의 구체적 내용은 상상 자원을 조작하는 다양한 방법에 대한 것이어야 한다. 상상의 3차원 구조 연구에서 조작 차원은 분해, 변형, 확장, 조합이다. 상상 자원을 분해하며, 이것을 다양한 방법으로 변형시키고, 시·공간적으로 확장하여 새로운 상상 자원과 조합하는 과정을 가르쳐야 한다.

조작 차원에서 다루어야 할 상상교육의 방법은 학생들이 상상 자원을 직접 조작하여 상상하는 것을 경험을 하도록 하는 것이다. 학생들에게 평소 익숙하지 않은 조작 방법도 활용해보는 상상의 기회를 제공하면 학생들의 참신한 상상도 기대할 수 있다. 상상 자원을 분해, 변형, 확장, 조합하는 구체적 조작 방법에 대한 상상교육 방법은 다음과 같다..

첫째, 학생들이 상상 자원을 자유롭게 조작 가능한 상태로 분해하도록 한다. 학생들의 경험 속에 묶여있는 지각체, 맥락, 정서, 의미 등의 상상 자원을 낱낱이 개별적인 것으로 분리하도록 하는 것이다. 이것은 하나의 경험에서 할 수도 있고, 하나 이상의 경험에서 동시에 할 수도 있다. 상상 자원들을 정교하게 분해할수록 변형, 확장, 조합 등 조작 과정에서 다루기 쉬워지므로 학생들이 상상 자원을 정교하게 분해할 수 있도록 이끌어야 한다. 다음은 상상 자원을 분해하는데 활용할 수 있는 질문들이다.

- 인상 깊은 경험 또는 장면이 있는가?
- 인상 깊은 경험 또는 장면 속 등장인물은?
- 인상 깊은 경험 또는 장면 속 시·공간적 배경은?
- 인상 깊은 경험 또는 장면 속 느낌은?
- 인상 깊은 경험 또는 장면이 나에게 주는 의미는?

둘째, 개별적으로 분리된 상상 자원들을 모두 상상에 활용할 수 없으므로 학생들이 상상에 활용할 상상 자원을 특별히 선택하여 상상하도록 한다. 만약 학생들이 상상 자원을 선택하는 것에 어려움이 있다면 학생들에게 인상적인 것들을 중심으로 선택하도록 유도할 수 있다. 자신에게 인상 깊은 것일수록 의미 있는 상상 자원이 될 수 있기 때문이다.

셋째, 학생들이 분해된 상상 자원을 과장, 축소, 삭제, 추가, 대체, 재설정 등 다양한 변형 방법을 활용하여 상상하도록 한다. 초등학생 상상의 구조 연구[168]에 따르면 초등학생들은 주로 추가 및 대체를 활용하여 상상한다. 현재의 교육과정이 상상의 조작 방법을 추가 및 대체 등 제한적으로 제시하고 있기 때문이다. 예를 들면 이야기를 읽고 이야기의 앞, 뒤 이야기를 이어서 추가하도록 하거나 이야기의 시·공간적 배경을 대체하여 새롭게 꾸미도록 하고 있다. 하지만 초등학생들은 발달 특성상 과장 또는 축소를 통해 초월적 힘이 부여된 상상을 좋아하기 때문에 조작 차원에서 상상교육은 학생 발달 특성을 고려하여 상상 자원을 변형시키는 방법을 다양하게 제시할 필요가 있다. 예를 들면 상상 자원으로 활용되는 지각체의 수, 양, 형태를 과장 또는 축소하여 상상하도록

168 이시은(2016)

할 수 있다. 또, 지각체 또는 맥락, 정서 등을 삭제 또는 추가하여 상상하도록 할 수도 있고, 다른 지각체, 맥락, 정서 등으로 대체하여 상상하도록 할 수도 있다. 현실과 전혀 다른 지각체, 맥락, 정서로 재설정하여 상상하도록 할 수도 있다.

변형 방법	상상 자원	상상의 예
지각체의 수, 양, 형태를 과장 또는 축소	공룡 인형을 선물로 받았다.	• 공룡 인형이 온 집안에 가득 채워져 있는 등 지각체를 양적으로 과장하는 상상 • 살아있는 공룡이 작아져서 내가 키우게 되는 등 지각체의 형태를 축소하는 상상
지각체, 맥락, 정서 등을 삭제 또는 추가	내 생일에 비가 많이 와서 파티를 하지 못했다.	• 비가 오는 맥락을 삭제하여 맑은 날 파티를 하는 상상 • 비가 많이 와서 수영장이 생기게 되는 등 지각체를 추가하는 상상
지각체, 맥락, 정서 등을 대체 및 재설정	동생이랑 놀이터에 갔는데 재미가 없었다.	• 동생 대신 친구로 지각체를 대체하여 재미있게 노는 상상 • 좀비가 새로운 장소에 나타나 재미있는 놀이를 하게 되는 등 지각체, 맥락 등을 새롭게 재설정하는 상상

넷째, 지각체, 맥락 등의 상상 자원을 학생들이 현재가 아닌 시점으로 확장하는 방법을 활용하여 상상하도록 한다. 학생들의 경험 속에 있는 상상 자원들은 과거 또는 미래의 상상 시점에 알맞게 변형되어 새로운 상상이 된다. 다양한 상상 시점에서의 상상은 지금, 여기에 실재하지 않는 것들을 가상으로 경험할 수 있도록 한다. 이를 통해 학생들이 다양한 경험을 축적하고 확대할 수 있게 되는 것이다. 과거에서부터 미래까지 한계 없이 시간적 탐험이 가능한 상상 활동은 자칫 학생들에게

넓은 광야에서 씨앗 하나를 찾도록 하는 것과 같이 버거운 일일 수 있다. 상상교육은 학생들이 상상 시점을 정하여 상상하도록 할 수 있다. 상상 시점은 현재로부터의 거리와 방향을 기준으로 먼 과거, 가까운 과거, 가까운 미래, 먼 미래 등으로 구분할 수 있는데, 먼 과거에 대한 상상은 역사적 사건이 일어난 시점을 상상하여 역사적 인물에 감정이입된 상태에서 역사적 사실을 이해하도록 할 수 있다. 가까운 과거에 대한 상상은 학생들이 최근 겪은 일상을 반추하도록 하여 문제해결을 돕는 조건을 다양하게 상상해보고 현실에 적용하도록 할 수 있다. 가까운 미래에 대한 상상은 학생들이 단기적 목표를 설정하고 도달 상황을 상상하고 수행 계획을 세워 실천하도록 할 수 있다. 먼 미래에 대한 상상은 환경 문제를 겪는 미래사회를 상상하며 지속가능한 문제 해결 방법이나 장기적 수행 계획을 세우고 실천하도록 할 수 있다.

다섯 번째, 학생들의 인지 발달 수준에 따라 상상 자원을 인과적 또는 연상적으로 조합하는 방법을 활용하여 상상하도록 할 수 있다. 가상적 내러티브의 구조 연구[169]에 따르면 인과적 조합은 7수준으로 구분된다. 초등학생의 경우는 인과적 수준이 정교하게 발달하기 전이어서 인과적 조합이 있는 상상과 없는 상상으로 구분할 수 있다. 전자는 인과적 관계가 없이 나열식으로 구성되는 상상이고, 후자는 선행조건과 결과를 인과적으로 상상하는 것이다. 상상의 구성에서 인과적 조합 수준은 학생 인지 발달과정과 밀접한 연관이 있으므로 상상교육은 학생 발달 수준을 고려하여 인과적 조합 정도를 요구하여야 한다.

169 Botvin & Sutton-Smith(1977)

변형 방법	상상 자원	상상의 예
인과적 조합이 없는 상상	꽃가루가 날리는 것을 관찰했던 일	내가 꽃가루가 된다면 꿀벌의 날개에 붙게 되어 연못 위도 날고, 풀잎에서 쉬는 등 여러 가지 일을 하며 하늘을 여행하는 상상
인과적 조합이 있는 상상	비가 많이 와서 워터파크를 가지 못했던 일	비가 많이 와서 우리 집 마당에 빗물이 가득 고여 워터파크가 되는 상상

또한, 초등학생 상상에서 연상적 조합은 선행조건에 따른 결과를 긍정적으로 연상하는 상상과 부정적으로 연상하는 상상으로 구분할 수 있다. 연상 방법의 선택은 개인적 성향을 반영하지만 교육적 차원에서 학생들이 보다 긍정적인 것을 연상하여 상상할 수 있도록 유도하는 것이 바람직하다.

변형 방법	상상 자원	상상의 예
긍정적 연상으로 조합	지구에 떨어진 운석의 흔적을 발견	운석을 타고 내려온 외계인과 친구가 되어 재미있게 노는 상상
부정적 연상으로 조합	지구에 떨어진 운석의 흔적을 발견	운석을 타고 내려온 외계인이 지구를 멸망시키는 상상

3) 결과 차원

상상은 무엇을 가지고 어떻게 상상했느냐에 따라 결과의 특성이 달라진다. 상상 구조의 자원 차원에서 어떤 상상 자원을 선택하느냐가 조작 및 결과 차원에 영향을 미치고, 조작 차원에서 어떤 방법을 선택하느냐가 결과 차원에 영향을 미친다. 결과 차원에서 다루어야 할 상상교육의 내용과 방법은 상상의 3차원 구조에서 자원, 조작 및 결과 차원의 유기적 관계를 반영하여야 한다.[170]

첫째, 자원 차원과 결과 차원의 관계 측면에서 살펴보면 상상교육은 지각체, 맥락의 범주가 상상 결과의 특성에 미치는 영향을 고려해서 이루어져야 한다. 상상 자원의 지각체로 인물이나 동물을 활용하도록 하면 실현가능성이 높은 상상을 유도할 수 있고, 캐릭터 및 외계인, 자연현상 등을 활용하도록 하면 실현가능성이 낮은 상상을 유도할 수 있다. 또, 상상 자원의 맥락으로 집, 학교 등 일상 환경을 활용하도록 하면 통합성과 일관성이 높은 상상을 유도할 수 있다. 학생들이 매일매일 접하는 일상 환경에서의 상상 자원은 학생들에게 친숙한 것들이므로 지각체, 맥락, 정서를 통합적으로 활용하기 쉽고, 일관성도 잘 유지되기 때문이다. 특별한 경험을 할 수 있는 체험 환경을 상상 자원의 맥락으로 활용하도록 하면 구체성과 실현가능성이 높은 상상을 유도할 수 있다. 특별한 장소에서 있었던 일화는 인상 깊게 기억되어 구체적이고 실현가능한 방향으로 상상되기 때문이다. 우주, 게임 속 배경 등 자신에게 쉽게 일어나지 않는 내용을 활용하도록 하면 신기성이 높은 상상을 기대할 수 있다.

170 이시은(2016)

자원(지각체)		결과
인물, 동물 등 지각체	⟷	실현가능성 높음
캐릭터, 외계인 등	⟷	실현가능성 낮음

자원(맥락)		결과
일상환경	⟷	통합성, 일관성 높음
체험환경	⟷	구체성, 실현가능성 높음
우주, 게임 환경	⟷	신기성 높음

둘째, 상상 구조의 조작 차원과 결과 차원의 관계 측면에서 살펴보면 상상교육은 상상의 조작 방법이 상상 결과에 미치는 영향을 고려해서 이루어져야 한다. 먼저, 상상 자원을 분해할 때, 1개의 기억을 떠올려 상상하도록 하면 학생들은 구체성, 통합성, 실현가능성이 높고 신기성이 낮은 상상을 할 수 있다. 이미 일어났던 일을 바탕으로 실제로 일어날 것 같은 것을 상상하는 것이다. 여러 개의 기억을 떠올려 상상하도록 하면 구체성이 높은 상상을 이끌 수 있다. 풍부한 상상 자원을 활용할 수 있기 때문이다. 반면 자신과 관련 없는 기억을 떠올려 상상하도록 하면 통합성 및 실현가능성이 낮고, 신기성이 높은 상상을 이끌 수 있다. 자신의 삶과 동떨어진 것을 상상하기 때문이다.

조작(분해)		결과
1개의 기억	⟷	• 구체성, 통합성, 실현가능성 높음 • 신기성 낮음
여러 개의 기억	⟷	• 구체성 높음
자신과 관련 없는 기억	⟷	• 통합성, 실현가능성 낮음 • 신기성 높음

상상 자원을 변형할 때, 새로운 상상 자원을 추가하여 상상하도록 하면 일관성과 실현가능성이 높은 상상을 유도할 수 있다. 현재까지의 상상 내용과 일관성을 유지하면서 실현가능한 것을 추가하는 경향이 있기 때문이다. 새로운 상상 자원으로 대체하여 상상하도록 하면 통합성이 높은 상상을 유도할 수 있다. 대체할 상상 자원을 선택할 때는 인과적 지식에 따라 지각체, 맥락, 정서의 관계를 통합적으로 고려하는 경향이 있기 때문이다. 상상 자원을 재설정하도록 하는 상상 수업은 현실에서 일어날 것 같지 않은 신기한 상상 자원으로 새로운 시·공간을 구성하기 때문에 실현가능성이 낮은 상상일 수 있다.

조작(변형)		결과
추가	⟷	일관성, 실현가능성 높음
대체	⟷	통합성 높음
재설정	⟷	실현가능성 낮음

상상 자원을 확장할 때, 특정 상상 시점에서 상상하도록 하면 통합성과 구체성이 높은 상상을 기대할 수 있다. 상상 시점에 대한 지각체, 맥락, 정서 등의 정보를 통합적으로 구체화하여 활용하기 때문이다. 특정 상상 시점이 없는 상상은 지각체, 맥락, 정서 등의 정보를 구체적으로 떠올리는 데 한계가 있기 때문에 구체성과 통합성이 낮은 상상을 하는 경우가 많다.

조작(확장)		결과
상상 시점 있음	⟷	통합성, 구체성 높음
상상 시점 없음	⟷	통합성, 구체성 낮음

상상 자원을 조합할 때, 긍정적으로 연상하여 상상하도록 하면 신기성이 낮지만, 실현가능성이 높은 상상을 기대할 수 있다. 긍정적 정서를 기대하며 실제로 나에게 일어나면 좋을 것 같은 일을 떠올리기 때문이다. 반면 부정적인 것을 연상하여 상상하도록 하면 자신과 관계없는 것들을 떠올리게 되므로 실현가능성이 낮은 상상을 하게 된다.

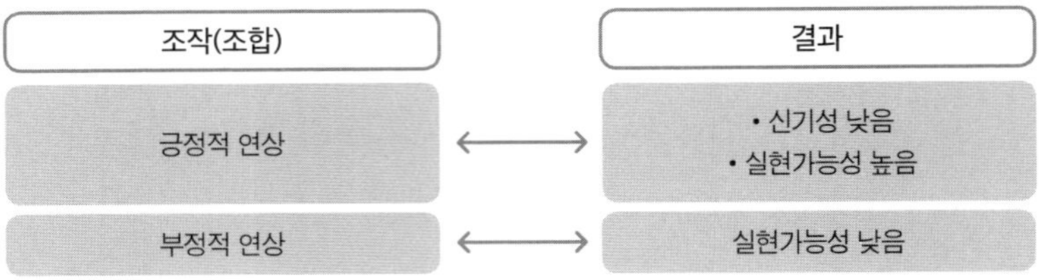

셋째, 상상교육에서 결과 차원 간의 관계도 고려할 수 있다. 학생들에게 상상 자원을 통합적으로 활용하도록 하면 일관성이 높은 상상을 유도할 수 있다. 상상 자원의 일화적 정보를 정교하게 활용하여 일관성이 높은 상상이 되도록 하는 것이다. 실현가능성이 낮은 것을 상상하도록 하면 신기성이 높은 상상도 이끌 수 있다. 나에게 절대 일어나지 않을 것 같은 일을 상상하도록 하면 현실적 제약을 벗어나 신기성이 높은 상상을 할 수 있다.

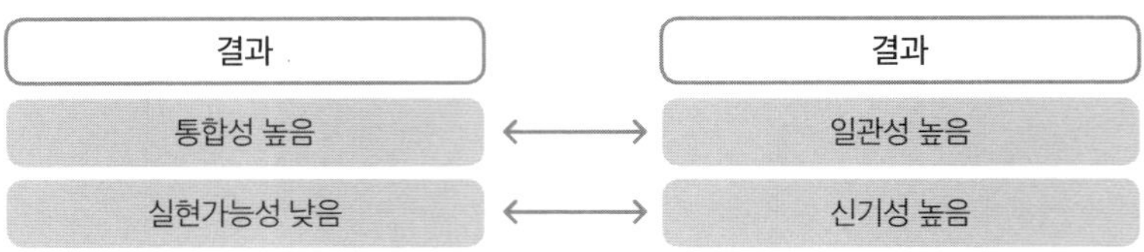

3. 상상 수업의 적용

일련의 연속된 과정으로 이루어지는 상상을 가르치기 위해서는 상상 교육의 단위 수업도 과정 중심으로 이루어져야 교육적 효과를 높일 수 있을 것이다. 앞서 살펴보았듯이 상상은 환기, 구성, 인식의 순환과정을 통해 이루어지는데, 이를 적용하면 상상 수업을 도입-전개-정리로 단계화할 수 있다. 상상력 증진 프로그램 개발 연구[171]도 환기, 구성, 인식의 상상 과정에 기반 하여 상상 수업을 도입-전개-정리로 구성한 바 있다. 이와 같이 상상 수업의 도입 단계에서는 상상 자원을 환기하고, 전개 단계에서는 상상을 구성하며, 정리 단계에서는 상상 결과를 인식할 수 있도록 할 수 있다. 이 장에서는 상상의 3단계 순환과정 모형에[172] 기반하여 초등학생 상상 수업의 도입, 전개, 정리 단계에 적용할 수 있는 구체적 활동 내용을 살펴보겠다.

171 송선영(2018)

172 이시은 외(2014)

1) 도입 단계

상상 수업의 도입 단계에서는 상상 과정 중 환기에 대한 것을 중점적으로 지도하여야 한다. 학생들이 상상 자원을 충분히 환기할 수 있는 활동으로 수업을 계획하여야 하는 것이다. 동기부여 없이 막연하게 상상을 시작하라고 하면 사람들은 도서, 영화 등 미디어 매체를 통해 이미 알고 있는 일반적 지식을 활용하여 상상하는 경우가 많다. 하지만 초등학생 발달 수준에서는 자신이 직접 체험하지 못한 일반적 지식만으로 상상을 구성하는 데에는 어려움이 따른다. 초등학생 상상 과정 연구[173]에 따르면 초등학생들은 자신의 경험을 계획적으로 환기하고 이를 상상 자원으로 활용할 때 상상의 나래를 쉽게 펼칠 수 있다. 상상 수업의 도입 단계에서는 학생들이 자신의 경험을 충분히 환기하고 이를 활용하여 상상할 수 있도록 하는 의도된 활동이 필요하다.

상상 수업의 도입 단계에서 학생들이 상상 자원을 어떻게 환기하도록 할까? 환기의 하위 요소로 포함된 상상 자원의 양, 자기관련성, 빈도를 중심으로 살펴볼 수 있다. 먼저, 상상 수업의 도입 단계에서는 학생들에게 환기할 수 있는 상상 자원의 양을 고려할 수 있다. 학생들이 상상을 위해 1개 또는 여러 개의 기억을 환기하여 상상 자원으로 활용하도록 안내해야 하는 것이다. 1개의 기억을 환기하는 상상은 신기성이 다소 낮지만 구체성, 통합성, 실현가능성이 높은 상상이 될 수 있다. 여러 개의 기억을 환기한 상상도 구체성이 높은 상상이 될 수 있다.

다음, 상상 수업의 도입 단계에서는 자기관련성을 고려하여 상상 자

173 이시은(2016)

원을 환기하도록 할 수 있다. 학생들에게 자신과 관련된 기억 또는 자신과 전혀 관련 없는 기억을 환기하여 상상 자원으로 활용하도록 안내하는 것이다. 자기관련성이 높은 기억을 환기한 상상은 학생들의 과거 경험을 반추하는 일상적 상상이 될 수 있고, 자기관련성이 낮은 기억을 환기한 상상은 새로운 것을 구상하는 창의적 상상이 될 수 있다.

마지막으로 학생 경험에서 차지하는 빈도를 고려하여 상상 자원을 환기하도록 할 수 있다. 학생들에게 거의 매일 일어나는 일, 1년 동안 가끔 일어나는 일, 지금까지 1~2회 특별하게 일어난 일 등을 환기하여 상상 자원으로 활용하도록 안내하는 것이다. 일상생활에서 거의 매일 일어날 수 있는 일을 환기한 상상은 실현가능성이 높은 상상일 될 수 있다. 특별하게 경험한 일을 환기한 상상은 신기성이 높은 상상이 될 수 있다. 초등학생들은 대부분 매일 일어나는 일상적인 일보다 지금까지 1~2회만 경험한 특별한 일을 환기하여 상상하는 경향이 있다. 상상 수업의 도입 단계에서는 학생들에게 다양한 상상을 유도하기 위해 상상 자원의 양, 자기관련성, 빈도 등을 고려하여 다양한 상상 자원을 환기하고 이를 토대로 상상을 구성할 수 있도록 해야 한다.

2) 전개 단계

상상 수업의 전개 단계에서는 상상 과정 중 구성에 대한 것을 지도하는데 주안점을 두어야 한다. 이 단계는 학생들의 상상이 다양한 양상으로 나타날 수 있도록 도입 단계에서 환기한 상상 자원을 조작하여 다양하게 구성하는 방법에 대해 안내해야 한다.

상상 수업에서 학생들에게 상상 자원을 어떻게 조작하여 내용을 구성하도록 할 것인가? 이것은 상상 과정에서 구성의 하위 요소로 포함된 상상 시점, 범주, 장애물, 결말을 중심으로 살펴볼 수 있다. 먼저, 학생들이 상상 시점을 설정하도록 할 수 있다. 상상 시점은 현재가 아닌 상상 속의 시간이다. 시간적 방향에 따라 과거 또는 미래 시점으로 구분되는데, 이것은 학생들의 상상 주제에 영향을 미친다. 예를 들어 가까운 과거 시점을 설정한 상상은 학생들에게 인상 깊었던 일과 관련된 것을 상상하도록 유도할 수 있고, 먼 과거 시점을 설정한 상상은 역사적 사실과 관련된 것을 상상하도록 유도할 수 있다. 가까운 미래 시점을 설정한 상상은 진학, 취업, 자신의 꿈과 관련된 것을 상상하도록 유도할 수 있고, 먼 미래 시점을 설정한 상상은 첨단 과학 문명의 발달과 관련된 것을 상상하도록 유도할 수 있다. 이처럼 학생들에게 먼 과거, 가까운 과거, 가까운 미래, 먼 미래 시점 등 특정 시점을 구체적으로 설정하여 상상하도록 하면 다양한 주제로 상상하도록 할 수 있다.

다음, 상상 자원으로 환기한 지각체 및 맥락 등의 범주를 변형하는 활동을 할 수 있다. 지각체의 범주는 인물, 동물, 사물 및 기타, 맥락의 범주는 일상, 근접, 체험 환경 및 기타이다. 학생들에게 지각체와 맥락의 범주를 변형하지 않는 상상, 지각체과 맥락 중 한 개만 범주를 변형하는 상상, 지각체와 맥락의 범주를 모두 변형하는 상상을 유도할 수 있다. 지각체, 맥락 등을 과장, 축소, 삭제, 추가, 대체, 재설정하는 것은 상상 자원의 범주를 다양하게 변형할 수 있는 기회가 될 것이다.

상상 수업의 전개 단계에서는 학생들이 상상의 구성 내용에 장애물의 설정 여부를 결정하도록 할 수도 있다. 상상력의 발달과정에서 장애물을 설정하고 이를 해결하는 과정을 포함하는 것은 높은 수준의 상상력에 해당한다.[174] 초등학교 5,6학년 학생들의 발달 수준에서는 장애물을 설정한 상상을 기대할 수 있다. 인과적, 연상적으로 떠오른 장애물을 새롭게 조합하여 상상을 전개하는 것이다. 이것은 상상의 내용을 다채롭고 풍부하게 한다.

마지막으로 상상의 구성 내용을 정리하여 결말 짓는 활동도 할 수 있다. 상상에서 결말은 표현될 수도 있고, 안 될 수도 있다. 하지만 상상이 끝났음을 알리는 결말을 짓도록 한다면 상상이 결과물로 완성될 수 있지만, 결말이 없다면 상상이 결과물로 완성되지 못하고 스치듯 지나가는 백일몽으로 그칠 수 있다. 이와 같이 상상 수업의 전개 단계에서 다루어야 할 상상 자원의 양, 자기관련성, 장애물, 결말을 모두 포함하여 활동하는 데는 어려움이 있을 수 있다. 상상 수업의 활동 계획에 따라 학생들이 상상의 구성 방법을 차근차근 경험해 볼 수 있도록 해야 할 것이다.

3) 정리 단계

상상 수업의 정리 단계에서는 상상의 결과물을 인식할 수 있도록 해야 한다. 상상의 결과물을 완성하는 것에 그치지 않고 인식하도록 할 때, 학생들은 자신이 포함된 영역을 확대하고 현실 세계를 재구성하며 현실 직시와 비판적 사고를 할 수 있게 된다. 가상 세계를 상상하는 것으로 자신이 누리는 삶의 범위를 확대하고 현실적 제약을 극복하기도

174 이시은(2016)

하며 자신의 삶에 의미를 부여할 수 있기 때문이다. 상상 결과에 대한 인식은 학생들의 상상이 가상 세계에 머무르지 않고 현실 세계로 연결될 수 있도록 연결고리를 찾아 준다. 그동안 상상 수업은 상상의 결과물을 인식하는 활동을 강조하지 않는 경우가 많았다. 상상의 과정이 창조적 구성 활동으로만 그치지 않고 자신의 삶과 관련하여 인식하도록 하려면 상상 과정 중 인식을 강조하여야 한다.

상상 수업에서 학생들에게 상상의 결과물을 어떻게 인식하도록 할까? 상상이 구성에 머무르지 않고 인식까지 이르기 위해서는 외적 요인에 의한 특별한 노력이 요구된다. 특히 초등학생들은 상상의 결과물을 자발적으로 인식하는 경우가 거의 없기 때문에 특별한 수업 계획을 세워야 한다. 상상 수업의 정리 단계에서는 학생들의 인식 활동에 대한 지도가 필요한 것이다. 상상 수업의 정리 단계에서의 활동은 상상 과정에서 인식의 하위 요소로 포함된 계획, 바람, 의문, 현실 직시를 중심으로 상상하도록 할 수 있다. 첫째, 학생들이 상상을 실현시킬 수 있는 구체적 계획을 세우는 활동으로 구성할 수 있다. 상상의 결과를 현실 세계의 목표로 전환하여 구체적 실행 계획 및 수행과 연결할 수 있도록 하는 것이다. 둘째, 학생들이 상상 실현에 대한 기대와 바람을 가지는 활동으로 구성할 수 있다. 자신이 원하는 상상이 실현되는 것에 대한 기대와 바람은 자신의 삶을 긍정적으로 바라볼 수 있도록 할 것이다. 셋째, 학생들에게 상상이 실현되는 것에 대한 의문을 가지도록 할 수 있다. 현실 세계에서 상상이 실현되는 조건에 대한 의문은 상상이 자신의 삶에 적용될 수 있는 범위를 비판적으로 판단할 수 있도록 할 것이다. 넷째, 학생들이 상상과 현실을 분리하여 현실을 직시하게 하는 활동을 할 수 있다. 현실 세계를 가상 세계와 구분하는 것은 현실 세계가 가진 제약을 수용 또는 극복하면서 더 나은 삶을 추구할 수 있도록 할 것이다.

상상 수업의 정리 단계에서 상상의 결과물에 대한 계획, 바람, 의문, 현실 직시 등의 인식 활동은 상상의 결과물에 대한 질문을 통해 일어날 수 있다. 상상한 결과를 실현할 구체적 계획이 있는가? 상상한 결과가 실현되기를 바라는가? 상상한 결과를 실현하는 것이 가능하다고 생각하는가? 상상한 결과가 현실과 어떻게 다른가? 등의 질문은 상상한 결과를 내면화하여 인식할 수 있도록 할 것이다.

이 밖에도 상상 수업이 학교에서 원활하게 이루어지도록 하기 위해서는 다양한 지원 체계가 필요하다. 학생들의 상상을 지원하기 위하여 교사는 조력자가 되고자 하는 마음가짐이 필요하다. 학생들에게 상상할 수 있는 동기를 부여하고, 상상 활동의 의미를 부여하며, 다양한 상상을 할 수 있도록 안내자가 되어야 한다. 학생들이 동료와 누릴 수 있는 공동 상상의 기회도 있어야 한다. 공동 탐구를 통한 집단 상상력은 상상력 증진에 도움이 되기 때문이다.[175] 상상력을 자극하고 발휘할 수 있는 문화적 환경도 조성되어야 한다.[176] 상상력은 자유롭고 허용적인 분위기 속에서 발휘되기 때문에 상상을 마음껏 할 수 있는 충분한 시간 확보와 환경 구축 등 물리적인 지원도 뒷받침되어야 하는 것이다. 상상은 개개인의 경험 수준을 바탕으로 이루어지기 때문에 학생들에게 다양한 사회문화적 경험을 제공하여 풍부한 상상 자원을 갖출 수 있도록 해야 할 것이다.

---

175 Andrée & Lager-Nyqvist(2012)

176 Ketsman(2013)

Ⅶ

상상력 측정

"상상은 잠재력이다."

1. 상상력의 측정

교육 활동은 학생에 대한 정확한 진단을 바탕으로 의도적으로 계획한다. 상상교육도 학생들이 현재 가지고 있는 상상 능력 및 특성을 파악하여 이루어져야 교육적 효과를 극대화할 수 있을 것이다. 그동안 학교에서 실시한 표준화된 평가들은 학생들의 잠재력을 고려하지 않고, 현재의 인지적 능력을 측정하는 것이 대부분이었다. 최근에는 학생들의 잠재력을 측정하는 상상력 지수에 관심을 가지는 연구자도 있다.[177] 이들에 의하면 학생들의 잠재적 가능성은 상상력을 통해 가늠할 수 있다. 상상력의 측정으로 학생들이 현재 가지고 있는 능력 및 특성 뿐만 아니라 잠재적 능력 및 특성에 대한 정보도 얻을 수 있는 것이다. 하지만 이를 측정하는 체계적인 척도 연구는 아직 부족한 실정이다.

상상 활동은 창의성과 다르게 산출물이 필수로 동반되지 않고 학생들의 마음속 활동으로만 그치는 경우도 있다. 표면적인 모습으로 모든 상상을 측정할 수 없는 것이다. 상상력을 측정하기 위해서는 학생들의 마음속 상상 활동까지도 체계적으로 살필 수 있어야 한다. 무엇으로 상

177 Weir(2015)

상하고, 어떻게 상상하며, 상상의 결과가 어떠한지에 대해 종합적인 정보를 파악할 수 있어야 하는 것이다.[178] 따라서 상상력의 통합적 측정을 위한 체계적인 상상력 척도가 필요하다. 이것은 상상교육을 위한 학생들을 진단하는 측정 도구 역할을 하고, 더 나아가 상상교육 프로그램의 효과를 검증하는 도구로도 활용 가치가 있을 것이다.

178 이시은, 박병기(2021)

2. 상상력 척도

상상력 척도는 상상의 개념 정의를 어떻게 하였는가에 따라 측정하는 것이 다르다. 지금까지 상상력을 백일몽, 환상, 심상, 정신적 시뮬레이션 등을 중심으로 측정하여 왔다. 초기 상상력 척도에서는 상상을 백일몽으로 간주하여 Imaginal Processes Inventory(IPI)[179]를 개발하였다. 이 척도는 344개 문항으로 신기한 백일몽, 성취지향적 백일몽 등을 측정하는 것이다. 이후 내적 경험 측면에서의 백일몽을 측정하기 위하여 Short Imaginal Processing Inventory(SIPI)[180]를 개발하였다. 이 척도는 45개 문항으로 생동감·긍정의 백일몽, 죄책감·부정의 백일몽, 정신 산만의 백일몽 등을 측정하는 것이다. 대표 문항으로 '나의 백일몽에서 시각적 이미지는 생생하여 실제로 일어났다고 믿을 수 있다' 등이 있다. 또한, 상상이 이미지를 생생하게 만드는 환상이라고 간주하여 개발한 척도는 The Fantasy Questionnaire(FQ)[181]이다. 이 척도는 27개 문항으로 상상적 환상과 창의적 환상을 측정하는 것이다. 상상적 환상

179 Singer & Antrobus(1963, 1970)
180 Huba, Aneshensel, & Singer(1981)
181 Weibel et al.(2018)

을 측정하는 대표 문항은 '나는 책을 읽을 때 등장인물이 나의 기분에 영향을 준다' 등이고, 창의적 환상을 측정하는 대표 문항은 '나는 때때로 발명품을 떠올린다' 등이다. 이들 척도는 상상 과정에서 백일몽 또는 환상이 관여하는 부분을 측정할 수 있다는 점에서 의미가 있지만 상상의 본질적 특성을 통합적으로 측정하지 못하는 부분이 있다.

상상이 심상을 형성하는 것이라 여기고 개발한 척도는 Vividness of Visual Imagery Questionnaire(VVIQ)[182]이다. 이것은 친척 또는 친구, 떠오르는 태양, 친숙한 가게 및 시골 장면 등 4개의 장면에서 친숙한 물건이나 장면 등 새로운 이미지를 확장하여 시각화하는 능력을 측정하는 것이다. 명확하고 생생한 이미지를 생성하는 것에서부터 시각적 이미지로 표현하지 못하는 것까지를 측정하는 것이다. 또 다른 방식으로 측정하는 The Test of Creative Imagery Ablity(TCIA)[183]도 있다. 이 척도는 시각화를 위해 7개 미완성 형태의 것을 새로운 이미지로 생성하도록 하여 생생함, 독창성 및 변형 능력 등을 측정하는 것이다. 이들 연구는 상상력의 측정에서 심상을 시각화하는 것에 초점을 두었다는 점에서 의의가 있다. 하지만 상상이 이루어지는 전반적인 과정을 고려하지 못하고 스냅샷(snapshot) 장면으로 시각화하는 능력만을 강조하여 측정하려고 한 점이 아쉽다.

상상을 정신적 시뮬레이션 활동으로 간주하여 개발한 척도는 Hunter Imagination Questionnaire(HiQ)[184]이다. 이 척도는 4회기에 걸쳐 상상력을 측정하는 것이다. 1회기는 가까운 미래에 하고 싶은 일을 떠올리는

182 Marks(1973)

183 Jankowska & Karwowsk(2015)

184 Jung, Flores, & Hunter(2016)

것이고, 2회기는 마음속에 떠오른 장면을 시각화하는 것이며, 3회기는 발견, 발명, 변화하고 싶은 어떤 것을 상상, 4회기는 1회기를 반복하는 것이다. 이 척도는 정신적 시뮬레이션으로 상상하는 과정을 포함하고 있지만 상상력과 관련된 포괄적 구성 요인을 세분화하여 측정하지 못한다.

최근에는 상상력을 구조적 차원에서 체계적으로 측정하려는 척도가 개발되었다. The Four Factor Imagination Scale(FFIS)[185]는 상상력을 백일몽, 환상, 심상 활동과 구별되는 창의적 인지 과정으로 간주하여 개발한 것이다. 이 척도는 상상력을 26개 문항으로 상상의 빈도, 복잡성, 정서 유지 및 지향성 등을 측정하는 것이다. 하지만 상상력의 관련 변인을 부분적으로만 측정하는 것이어서 상상력이 발휘되는 전반적인 과정에서의 특성을 측정하기에는 어려움이 있다.

학생들의 상상력을 측정하는 상상 척도를 개발하기 위해서는 상상의 개념을 명확히 하고 관련 변인을 통합적으로 밝혀야 한다. 초등학생용 상상력 척도[186]는 상상의 3차원 구조를 바탕으로 상상력을 정의하고 상상력의 관련 변인을 밝힌 것이다. 상상의 3차원 구조에 기반한 이 척도는 74개의 문항으로 자원, 조작 및 결과의 3개 요인을 측정하는 것이다. 상상력을 측정하는 자원, 조작 및 결과에 포함된 관련 변인은 18개이다. 먼저, 상상력의 자원에 포함된 하위요인은 지각체, 맥락, 긍정정서, 부정정서, 의미 등 5개이다. 이것은 상상의 3차원 구조에서 정서를 '긍정'과 '부정'으로 세분화한 것이다.[187] 다음, 상상력의 조작에 포함된 구성요인은 분해, 변형, 먼 과거, 가까운 과거, 가까운 미래, 먼 미래, 연

185 Zabelina et al.(2016)

186 이시은 외(2021)

187 Gaesser et al.(2014)

상, 인과 등 8개이다. 상상의 3차원 구조에서 확장은 현재와 상상 시점의 방향과 거리에 따라 '먼 과거', '가까운 과거', '가까운 미래', '먼 미래'로 세분화한 것이다. 또, 상상의 3차원 구조에서 조합은 가상적 내터티브 연구에서의 인과적 발달 수준을 반영하여 '연상'과 '인과'로 세분화한 것이다.[188] 마지막으로 상상력의 결과에 포함된 구성요인은 통일성, 일관성, 신기성, 구체성, 실현가능성 등 5개이다.

상상력을 측정하기 위해 자원, 조작 및 결과에 포함된 문항은 다음과 같다. 먼저, 상상력의 자원에 포함된 지각체를 측정하는 문항은 상상 속 대상으로 사람, 물건, 동물, 만화 또는 영화 속 캐릭터 등 누구를 상상 자원으로 활용하는지 질문하는 것이다. 맥락은 검사자와 친숙함 또는 특별성을 대표하는 장소로 학교, 집 및 학원, 친척 집, 교회 및 마트, 놀이공원, 워터파크 및 체험학습 장소, 우주, 바다, 하늘 및 게임 속 장소 등 어디를 상상 자원으로 활용하는지 질문하는 것이다. 정서는 유인가에 따라 긍정과 부정으로 구분하여 어떤 정서를 상상 자원으로 활용하는지 질문하는 것이다. 의미는 관심 정보, 내적 중요도 등 나에게 얼마나 의미있는 것을 상상 자원으로 활용하는지를 질문하는 것이다.

상상력의 조작에 포함된 분해를 측정하는 문항은 상상 자원들을 지각체, 맥락, 정서 및 의미로 각각 분리할 수 있는가에 대한 것이다. 변형은 상상 자원을 새롭게 구성하기 위해 과장, 축소, 추가, 삭제, 대체, 재설정 등의 방법 중 어떤 것을 활용하는지에 대한 것이다. 확장은 상상 자원을 활용하여 먼 과거, 가까운 과거, 가까운 미래, 먼 미래 중 어느 시점을 상상하였는가에 대한 것이다. 조합은 상상 자원들을 연상할

188 이영자 외(2005), Zittoun et al.(2017)

때에 반대되는 것 또는 비슷한 것 등을 어떻게 활용하는지 질문하는 것이다. 또 인과적으로 구성할 때에는 일의 시간적 순서, 일의 과정 및 원인과 결과 등을 어떻게 활용하는지 질문하는 것이다.

상상력의 결과에 포함된 통합성을 측정하는 문항은 상상 자원들을 통합적으로 활용하여 상상을 구성하였는가이고, 일관성은 새롭게 구성한 상상이 일관된 주제를 가지고 전개되었는가이다. 신기성은 상상의 결과물이 경험해보지 않은 새로운 세계나 일에 대한 것인가, 구체성은 상상의 장면이나 과정이 자세한가, 실현가능성은 상상한 결과가 언젠가 또는 어디선가 이루어질 가능성이 있는가이다. 초등학생용 상상력 척도의 구성요인 및 문장 내용은 〈표1〉과 같다.

〈표1〉 초등학생용 상상력 척도의 구성요인 및 문항내용

구성 요인			문항 내용
자원	지각체		나는 상상의 재료로 어떤 사람이 하는 일, 모습 등을 떠올린다.
			나는 상상의 재료로 어떤 물건의 쓰임, 모양 등을 떠올린다.
			나는 상상의 재료로 어떤 동물의 행동, 모습 등을 떠올린다.
			나는 상상의 재료로 만화나 영화 속 캐릭터, 귀신, 괴물 등을 떠올린다.
	맥락		나는 상상의 재료로 학교, 집, 학원 등을 떠올린다.
			나는 상상의 재료로 친척 집, 교회, 마트 등을 떠올린다.
			나는 상상의 재료로 놀이공원, 워터파크, 체험학습 장소 등을 떠올린다.
			나는 상상의 재료로 우주, 바다, 하늘, 게임 속 장소 등을 떠올린다.
	정서	긍정	나는 상상의 재료로 즐거웠거나 행복했던 일을 떠올린다.
			나는 상상의 재료로 웃겼거나 재미있던 일을 떠올린다.
			나는 상상의 재료로 신났거나 기뻐했던 일을 떠올린다.
			나는 상상의 재료로 뿌듯했거나 보람되었던 일을 떠올린다.
		부정	나는 상상의 재료로 슬펐거나 힘들었던 일을 떠올린다.
			나는 상상의 재료로 후회했거나 아쉬웠던 일을 떠올린다.
			나는 상상의 재료로 놀랐거나 무서웠던 일을 떠올린다.
			나는 상상의 재료로 혼났거나 속상했던 일을 떠올린다.

구성 요인			문항 내용
자원	의미		나는 상상의 재료로 내가 관심을 많이 가지고 있던 것을 떠올린다.
			나는 상상의 재료로 내가 중요하게 생각하는 일을 떠올린다.
			나는 상상의 재료로 내가 마음속에 간직하고 있던 일을 떠올린다.
			나는 상상의 재료로 내가 소중하게 여기는 일을 떠올린다.
조작	분해		나는 사람, 물건, 동물 등을 구분하여 상상할 수 있다.
			나는 특별한 시간이나 장소를 골라서 상상할 수 있다.
			나는 내가 느낀 어떤 감정을 선택하여 상상할 수 있다.
			나는 내가 중요하게 생각하는 부분을 따로 떼어내어 상상할 수 있다.
	변형		나는 전체 또는 부분을 과장하여 상상할 수 있다.
			나는 전체 또는 부분을 축소하여 상상할 수 있다.
			나는 원래 있던 것에 어떤 부분을 추가하여 상상할 수 있다.
			나는 원래 있던 것 중 어떤 부분을 삭제하여 상상할 수 있다.
			나는 원래 있던 것 중 어떤 부분을 다른 것으로 바꾸어 상상할 수 있다.
			나는 원래 있던 것에 원래의 의미가 아닌 새로운 의미를 부여하여 상상할 수 있다.
	확장	먼 과거	나는 먼 과거에 어떤 사람, 물건, 동물 등이 있었을지 상상할 수 있다.
			나는 먼 과거의 어떤 시간과 장소에 대해 상상할 수 있다.
			나는 먼 과거에 어떤 느낌이 들었을지 상상할 수 있다.
			나는 먼 과거에 어떤 일이 일어났을지 상상할 수 있다.
		가까운 과거	나는 가까운 과거에 어떤 사람, 물건, 동물 등이 있었을지 상상할 수 있다.
			나는 가까운 과거의 어떤 시간과 장소에 대해 상상할 수 있다.
			나는 가까운 과거에 어떤 느낌이 들었을지 상상할 수 있다.
			나는 가까운 과거에 어떤 일이 일어났을지 상상할 수 있다.
		가까운 미래	나는 가까운 미래에 어떤 사람, 물건, 동물 등이 있을지 상상할 수 있다.
			나는 가까운 미래의 어떤 시간과 장소에 대해 상상할 수 있다.
			나는 가까운 미래에 어떤 느낌이 들지 상상할 수 있다.
			나는 가까운 미래에 어떤 일이 일어날지 상상할 수 있다.
		먼 미래	나는 먼 미래에 어떤 사람, 물건, 동물 등이 있을지 상상할 수 있다.
			나는 먼 미래의 어떤 시간과 장소에 대해 상상할 수 있다.
			나는 먼 미래에 어떤 느낌이 들지 상상할 수 있다.
			나는 먼 미래에 어떤 일이 일어날지 상상할 수 있다.

구성 요인			문항 내용
조작	조합	연상	나는 어떤 일을 떠올리면 그것과 관련된 것을 연결하여 상상할 수 있다.
			나는 어떤 일을 떠올리면 그것과 반대되는 것을 연결하여 상상할 수 있다.
			나는 어떤 일을 떠올리면 그것과 비슷한 것을 연결하여 상상할 수 있다.
			나는 어떤 일을 떠올리면 그것이 속한 상황을 연결하여 상상할 수 있다.
		인과	나는 어떤 일들이 일어나는 순서대로 연결하여 상상할 수 있다.
			나는 어떤 일들이 일어나는 과정을 연결하여 상상할 수 있다.
			나는 어떤 일의 원인과 결과를 연결하여 상상할 수 있다.
			나는 어떤 일의 앞뒤 상황을 연결하여 상상할 수 있다.
결과	통합성		내가 상상한 결과는 부분적인 요소들이 하나로 묶인 것이다.
			내가 상상한 결과는 개별적인 요소들이 조화롭게 관련지어진 것이다.
			내가 상상한 결과는 서로 다른 내용이 긴밀하게 연결된 것이다.
			내가 상상한 결과는 여러 개의 생각이 하나로 통합된 것이다.
	일관성		내가 상상한 결과는 처음부터 끝까지 하나의 주제에 대한 것이다.
			내가 상상한 결과는 하나의 결말을 향해 전개된 것이다.
			내가 상상한 결과는 하나의 목표를 가지고 일관적으로 구성된 것이다.
			내가 상상한 결과는 주제와 관련된 것만 포함된 것이다.
	신기성		내가 상상한 결과는 내가 한 번도 가보지 않은 새로운 세계에 대한 것이다.
			내가 상상한 결과는 내가 한 번도 들어보지 않은 새로운 내용이다.
			내가 상상한 결과는 내가 한 번도 보지 않은 새로운 것이다.
			내가 상상한 결과는 내가 한 번도 겪어보지 않은 새로운 일이다.
	구체성		내가 상상한 결과는 일이 일어난 장면이 자세하게 설명된 것이다.
			내가 상상한 결과는 일이 일어난 과정이 상세한 것이다.
			내가 상상한 결과는 실제처럼 실감나게 표현된 것이다.
			내가 상상한 결과는 직접 겪은 일처럼 구체적인 것이다.
	실현가능성		내가 상상한 결과는 언젠가는 이루어질 수 있는 것이다.
			내가 상상한 결과는 어디선가 이루어질 수 있는 것이다.
			내가 상상한 결과는 누군가에 의해 이루어질 수 있는 것이다.
			내가 상상한 결과는 어떻게든 이루어질 수 있는 것이다.

참고문헌

김상욱. (2001). 시적 상상력의 유형과 그 문학교육적 함의. 한국초등국어교육, 18, 223-245.

민미희, 이순형. (2004). 2, 4세 유아의 가상 이해 능력의 차이. 미래유아교육학회지, 11(4), 1-22.

송명국. (1997). 지각과 상상력: 흄과 칸트를 중심으로. 서울대학교 석사학위논문.

송선영. (2018). 초등학생 상상력 증진 프로그램 개발과 효과검증. 전북대학교 교육대학원 석사학위논문.

안범희. (2009). 성격심리학, 서울: 하우.

양병일, 박형기. (2018). 동작관찰 훈련과 운동 상상훈련이 뇌 활성상태에 미치는 효과. 대한신경치료학회, 22(3), 7-10.

윤여탁. (1999). 문학교육에 상상력의 역할: 시의 표현과 이해 과정을 중심으로. 문학교육학, 3, 241-260.

이시은, 정영주, 박병기. (2014). 상상의 재개념화:구조와 과정을 중심으로. 교육심리연구, 28(1), 89-115.

이시은. (2016). 상상의 구조와 과정. 전북대학교 박사학위논문

이시은, 박병기. (2021). 초등학생의 상상력 척도 개발 및 타당. 아동교육, 30(4),

이영자, 이지현. (2005). 유아의 개인적 내러티브와 가상적 내러티브의 구조 발달 양상 및 구성요소에 관한 연구. 유아교육연구, 25(5), 173-206

장경렬. (2006). 코울리지: 상상력과 언어. 파주: 태학사.

장상규, 홍석환, 이옥하, 김선희, 이경재. (2010). 동물원 환경해설프로그램의 만족도 및 효과에 관한 연구. 한국환경생태학회, 24(6), 621-629.

최지현. (2007). 문학교육의 '교육적 상상력'. 국어국문학, 147, 167-191.

홍명희. (2005). 상상력과 가스통 바슐라르. 파주: 살림.

Addis, D. R., & Schacter, D. L. (2012). *The hippocampus and imaging the future: Where do we stand?* Frontiers in Human Neuroscience, 5, 1−14.

Addis, D. R., McIntosh, A. R., Moscovitch, M. Crawley, A. P. & McAndrews, M. P. (2004). *Characterizing spatial and temporal features of autobiographical memory retrieval networks: a partial least squares approach.* NeuroImage, 23, 1460-1471.

Addis, D. R., Wong, A. T., & Schacter, D. L. (2007). *Remembering the past and imagining the future: Common and distinct neural substrates during event construction and elaboration.* Neuro psychologia, 45, 1363–1377.

Andrée, M. & Lager-Nyqvist, L. (2012). *'What do you know about fat?' Drawing on Diverse Funds of Knowledge in Inquiry Based Science Education.* NorDiNa, 8(2), 178-193

Arcavi, A. (2003). *The role of visual representations in the learning of mathematics.* Educational studies in mathematics, 52(3), 215-241.

Atance, C. M., & Meltzoff, A. N. (2005b). *My future self: Young children's ability to anticipate and explain future states.* Cognitive Development, 20, 341-361.

Atance, C. M., & Metcalf, J. L. (2013). Future thinking in young children. In M. Taylor. (Ed.). *The oxford handbook of the development of imagination.* NewYork: Oxford University Press.

Atance, C. M., & O'Neill, D. K. (2005a). *The emergence of episodic future thinking in humans.* Learning and Motivation, 36, 126–44.

Baddeley, A. (2000). *The episodic buffer: a new component of working memory?* Trends in cognitive sciences, 4(11), 417-423.

Beghetto, R. A. (2006). *Creative self-efficacy: Correlates in middle and secondary students.* Creativity Research Journal, 18, 447–57.

Botvin, G. J., & Sutton-Smith, B. (1977). *The development of structural complexity in children's fantasy narratives.* Developmental Psychology, 13(4), 377-388.

Byrne, R. M. J. (2005). *The rational imagination.* Cambridge: The MIT Press.

Caiman, C. & Lundegård, I. (2018). *Young children's imagination in science education and education for sustainability.* Cultural Studies of Science Education volume, 13, 687–705.

Carroll, P., & Shepperd, J. (2009). Preparedness, mental simulations, and future outlooks, In K. D. Markman, W. M. P. Klein, & J. A. Suhr (Eds.). *Handbook of imagination and mental simulation.* NewYork: Psychology Press.

Chun, M. M., Golomb, J. D., & Turk-Browne, N. B. (2011). *A taxonomy of external and internal attention.* Annual review of psychology, 62, 73-101.

Conway, M. A., Anderson, S. J., Larsen, S. F., Donnelly, C. M., McDaniel, M. A., McClelland, A. G. R., Rawles, R. E., & Logie, R. H. (1995). *The formation offlashbulb memories.* Memory& Cognition, 22, 326-343.

Costa, P., & McCrae, R. R. (1992). *NEO-PI-R: Re-vised NEO Personality Inventory.* Odessa, FL: Psychological Assessment Resources.

D'Argembeau, A., & Van der Linden, M. (2012). *Predicting the phenomenology of episodic future thoughts.* Consciousness and Cognition, 21, 1198–206.

D'Argembeau, A., Ortoleva, C., Jumentier, S., & Van der Linden, M.(2010) *Component processes underlying future thinking.* Memory & Cognition, 38(6), 809-819.

De Raad, B. (1998). *Five big Big Five issues: Rationale, content, structure, status, and crossultural assessment.* European Psychologist, 3, 113–24.

Donovan, S. M., Bransford, J. D., & Pellegrino, J. W. (1999). *How People Learn:Bridging Research and Practice.* Washington, D.C.: National Academy Press.

Duncan, J. (2013). *The structure of cognition: attentional episodes in mind and brain.* Neuron, 2, 80(1), 35-50.

Egan, K. (2005). *An imaginative approach to teaching.* San Francisco.

Egan, K., & Judson, G. (2009). *Values and imagination in teaching: With a special focus on social studies.* Educational philosophy and theory, 41(2), 126-140.

Fleer, M., & Peers, C. (2012). *Beyond cognitivisation: Creating collectively constructed imaginary situations for supporting learning and development.* Australian Educational Research, 39(4), 414-430.

Foley, M. A. (2013). Children's source monitoring of memories for imagination. In M. Taylor. (Ed.), *The oxford handbook of the development of imagination,* NewYork: Oxford University Press.

Foley, M. A., Wozniak, K. H., & Gillum, A. (2006). *Imagination and false memory inductions: Investigating the role of process, content and source of imaginations.* Applied Cognitive Psychology, 20, 1119–141.

Gaesser, B., & Schacter, D. L. (2014). *Episodic simulation and episodic memory can increase intentions to help others.* Proceedings of the National Academy of Sciences, 111(12), 4415- 4420.

Greenberg, D. L., & Rubin, D. C. (2003). *The neuropsychology of autobiographical memory.* Cortex, 39, 687–28.

Harris, P. L. (2000). 홍미로운 유아의 상상력 세계. [The work of the imagination. (1991)] 전경원 역. 서울: 효문사

Hassabis, D., & Maguire, E. A. (2007). *Deconstructing episodic memory with construction.* Trends in Cognitive Sciences, 11, 299-306.

Howes, C. (1995). *Relations among child care quality, teacher behavior, children's play activities, emotional security, and cognitive activity in child care.* Early Childhood Research Quarterly, 10. 381-404.

Howes, C., Unger, O., & Seidner, L. (1989). *Social Pretend Play in Toddlers: Parallels with Social Play and with Solitary Pretend.* Child Development, 60(1), 77-84.

Huba G. J., Aneshensel C. S., Singer J. L. (1981). *Development of scales for three second-order factors of inner experience.* Multivariate Behav. Res, 16. 181–06.

Hudson, J. A., & Shapiro, L. R. (1991). From knowing to telling: The development of children's scripts, stories, and personal narratives. In A. McCabe & C. Peterson (Eds.). *Developing narrative structure.* Hillsdale, NJ: Erlbaum.

Irish, M., Addis, D. R., Hodges, J. R., & Piguet, O. (2012), *Considering the role of semantic memory in episodic future thinking: evidence from semantic dementia.* Brain 135, 2178–191.

Jankowska, D. M., & Karwowski, M. (2015). *Measuring creative imagery abilities.* Frontiers in Psychology, 6, Article 1591.

Jung, R. E., Flores, R. A., & Hunter, D. (2016). *A new measure of imagination ability: Anatomical brain imaging correlates.* Frontiers in Psychology, 7.

Karwowski & Soszynski(2008) *How to develop creative imagination? Assumptions, ains and effectiveness of role play training in creativity.* Thinking Skills and Creativity, 3, 163-171.

Kahneman, D., & Tversky, A. (1972). *Subjective probability: A judgment of representativeness.* Cognitive Psychology, 3, 430-454.

Ketsman, O. (2013). *The creative process entailed in the co-construction of classroom curriculum.* Critical Questions in Education, 4(1), 21-29.

LeBoutillier, N., & Marks, D. F. (2003). *Mental imagery and creativity: A meta-analytic review study.* British Journal of Psychology, 94(1), 29-44.

Lobman (2003). *What Should We Create Today? Improvisational teaching in play-based classrooms.* An International Research Journal. 23(2). 131-142

Liang, C., Chi-Cheng, C. H. A. N. G., Chang, Y., & Li-Jhong, L. I. N. (2012). *The exploration of indicators of imagination.* The Turkish Online Journal of Educational Technology, 11(3). 366-374.

Liu, L., Feng, T., Chen, J., & Li, H. (2013). *The Value of Emotion: How Does Episodic prospection Modulate Delay Discounting?* PLoS ONE, 8(11), 1-7.

Markman, K. D., & McMullen, M. N. (2003). *A reflection and evaluation model of comparative thinking.* Personality and Social Psychology Review 7, 244-267.

Markman, K. D., Karadogan, F., Lindberg, M. J., & Zell, E. (2009). Counterfactual thinking: function and Dysdunction. Klein, & J. A. Suhr (Eds.). *Handbook of imagination and mental simulation.* NewYork: Psychology Press

Marks, D. F. (1973). *Visual imagery differences in the recall of pictures.* British journal of Psychology, 64(1), 17-24.

McCrae, R. R. (1987). *Creativity, divergent thinking, and openness to experience.* Journal of Personality and Social Psychology, 52, 1258–265.

Mischel, W., Shoda, Y., & Rodriguez, M. L. (1989). *Delay of gratification in children.* Science, 244(4907), 933-938.

Moore, C. & Barresi, J. (2013). Imagination and the self, In M. Taylor (Ed.). *The oxford handbook of the development of imagination.* New York: Oxford University Press.

Mussweiler, T. (2003). *Comparison processes in social judgment: Mechanisms and consequences.* Psychological Review, 110(3), 472-489.

Mussweiler, T., & Strack, F. (1999). *Comparing is believing: A selective accessibility model of judgmental anchoring.* European Review of Social Psychology, 10(1), 135-167.

Nussbaum, M. C. (1998). *Cultivating humanity: A classical defense of reform in liberal education.* Cambridge, MA: Harvard University Press.

Orsolini, M. (1990). *Episodic structure in children's fantasy narratives:"Breakthrough" to decontextualised discourse.* Language and Cognitive Processes, 5(1), 53-79.

Pashler, H., Johnston, J. C. & Ruthruff, E. (2001). *Attention and performance.* Annual review of psychology, 52, 629-651.

Perdue, K. (2003). *Imagination.* The Chicago school of media theory. Retrieved July 16, 2011, from http://lucian.uchicago.edu/blogs/mediatheory/keywords/imagination/

Piaget, J. (1962). *The stages of the intellectual development of the child.* Bulletin of the Menninger Clinic, 26(3), 120–128.

Piaget, J. (1967). *Six Psychological Studies.* New York: Vintage Books.

Premack, D., & Woodruff, F. (1978). *Does the chimpanzee have a theory of mind?* Behavioral and Brain Sciences, 1(4), 515-526.

Roese, N. J., Sanna, L. J., & Galinsky, A. D. (2005) The mechanics of imagination: Automaticity and control in counterfactual thinking. In R. R. Hassin, J. S. Uleman, & J. A. Bargh (Eds.). *The new unconscious.* NewYork: Oxford University Press.

Roese, N. J. (1994). *The functional basis of counterfactual thinking.* Journal of Personality and Social Psychology, 66, 805-818.

Roese, N. J. (2001). The crossroads of affect and cognition: Counterfactual as compensatory cognitions. In G. Moskowitz (ED.). *Cognative social psychology: The Princeton symposium on the legacy and future of social cognition* Mahwah, NJ: Erlbaum.

Roese, N. J., & Olson, J. M. (1993). *The structure of counterfactual thought.* Personality and Social Psychology Bulletin, 19, 312-319.

Rubin, D. C. (2006). *The basic-systems model of episodic memory.* Perspectives on Psychological Science, 1, 277-311.

Sanna, L. J. (2000). *Mental simulation, affect, and personality: A Couceptual Framework.* Current Directions in Psychological Science, 9, 168-173.

Schacter, D. L. & Addis, D. R. (2007). *The cognitive neuroscience of constructive memory: remembering the past and imagining the future.* Philos Trans R Soc Lond B Biol Sci, 362(1481), 773–86.

Schacter, D. L. (2001). *The seven sins of memory: how the mind forgets and remembers.* Boston, MA:Houghton Mifflin

Schacter, D. L., Addis, D. R., & Buckner, R. L. (2008). *Episodic simulation of future events: Concepts, data, and applications.* Annals of the New York Academy of Sciences, 1124, 39-60.

Schredl, M., & Erlacher, D. (2004). *Lucid dreaming frequency and personality.* Personality and Individual Differences, 37, 1463–473.

Sedikides, C., & Strube, M. J. (1997). *Self-evaluation: To thine own self be good, to thine own self be sure, to thine own self be true, and to thine own self be better.* Advances in experimental social psychology, 29, 209-269.

Simons, D. J., & Chabris, C. F. (1999). *Gorillas in our midst: sustained inattentional blindness for dynamic events.* Perception, 28, 1059-1574.

Singer, J. L., & Antrobus, J. S. (1963). *A factor-analytic study of daydreaming and conceptuallyrelated cognitive and personality variables.* Perceptual and Motor Skills, 17(1), 187-209.

Singer, J. L., & Antrobus, J. S. (1970). *Imaginal Process Inventory.* Center for Research in Cognition and Affect. C.U.N.Y. copyright 1966, revised 1970.

Suddendorf, T. C., & Corballis, M. C. (1997). *Mental time travel and the evolution of the human mind.* Genetic, Social, and General Psychology Monographs, 123, 133-167.

Snow, C. (1990). Building memories: The ontogeny of autobiography. In C. Cicchetti & M. Beeghly (Eds.). *The self in transition: Infancy to Childhood.* Chicago, IL: The University of Chicago Press.

Squire, L, R(2004). *Memory systems of the brain: A brief history and current perspective.* Neurobiology of Learning and Memory, 82(3), 171-177

Stein, N. L., & Glenn, C. G. (1975). *An analysis of story comprehension in elementary school children: A test of a schema.* ERIC Document Reproduction Service, ED 121 474.

Singelis, T. M.(1994). *The measurement of independent and interdependent self-construals.* Personality and Social Psychology Bulletin, 20(5), 580-591.

Suddendorf, T. C., & Busby, J. (2005). *Making decisions with the future in mind: Developmental and comparative identification of mental time travel.* Learning and Motivation, 36, 110–25.

Suddendorf, T. C., & Corballis, M. C. (1997). *Mental time travel and the evolution of the human mind.* Genetic, Social, and General Psychology Monographs, 123, 133–67.

Suddendorf, T. C., & Corballis, M. C. (2007). *The evoluation of foresight: What is mental time travel, and is it unique to human?* Behavior and Brain Science, 30, 299-351.

Szpunar, K. K., Watson, J. M., & McDermott, K. B. (2007). *Neural substrates of envisioning the future.* Proc. Natl Acad. Sci. USA, 104, 642–47.

Taylor, S. E., Pham, L. B., Rivkin, I. D., & Armor, D. A. (1998) *Harnessing the imagination: mental simulation, self-regulation, and coping.* American Psychologist 53, 429-439.

Thomas, D., & Brown, J. S. (2011). *A new culture of learning: Cultivating the imagination for a world of constant change (Vol. 219).* Lexington, KY: CreateSpace.

Tulving, E. (2002). *Episodic memory: From mind to brain.* Annual Review of Psychology, 53, 1–5.

Visser, M., Embleton, K. V., Jefferies, E., Parker, G. J., & Lambon Ralph, M. A. (2010). *The inferior, anterior temporal lobes and semantic memory clarified: novel evidence from distortion-corrected fMRI.* Neuropsychologia, 48, 1689-1696.

Vygotsky, L. S. (1930/2004). *Imagination and Creativity in Childhood.* Journal of Russian and East European Psychology, 42(1), 7–97.

Walker, C. M., & Gopnik, A. (2013). Causality and Imagination. In M. Taylor. (Ed.), *The oxford handbook of the development of imagination.* NewYork: Oxford University Press.

Weibel, D., Martarelli, C. S., Häerli, D., & Mast, F. W. (2018). *The Fantasy Questionnaire: A Measure to Assess Creative and Imaginative Fantasy.* Journal of personality assessment, 100(4), 431–43.

Weir, K. (2015). *A new kind of smart.* Monitor on Psychology, 46(8).

Wellman, H. M., Cross, D., & Watsonm, J. (2001). *Meta-analysis of theory-of-mind development: The truth about false belief.* Child Development, 6, 59-76.

Weibel, D., Martarelli, C. S., Häberli, D., & Mast, F. W. (2018). *The fantasy questionnaire: A measure to assess creative and imaginative fantasy.* Journal of Personality Sssessment, 100(4), 431–443.

Wirtz, D., Kruger, J., Scollon, C. N., & Diener, E. (2003). *What to do on spring break? The role of predicted, on-line, and remembered experience in future choice.* Psychological Science, 14, 520-524.

Zabelina, D. L., & Andrews-Hanna, J. R. (2016). *Dynamic network interactions supporting internally-oriented cognition.* Current Opinion in Neurobiology, 40, 86-93.

Zabelina, D. L., & Condon, D. M. (2020). *The Four-Factor Imagination Scale (FFIS): a measure for assessing frequency, complexity, emotional valence, and directedness of imagination.* Psychological research, 84(8), 2287–299.

Zittoun, T., & Gillespie, A. (2017). Imagination: Creating Alternatives in Everyday Life. In V. P. Glăeanu (Ed.), *The Palgrave handbook of creativity and culture research.* London: Palgrave Macmillan.

색인

ㅁ

ㅂ

ㅅ

ㅇ

ㅈ

ㅊ

ㅋ

ㅌ

ㅍ

ㅎ

상상의 이해와 교육

지은이 이시은, 박병기
펴낸이 김동원
펴낸곳 전북대학교출판문화원

초판 1쇄 인쇄 2022. 6. 15
초판 1쇄 발행 2022. 6. 20

전북대학교출판문화원 전라북도 전주시 완산구 어진길 32 (풍남동2가)
전화 (063) 219-5319~5322
FAX (063) 219-5323
출판등록 2012년 8월 20일 제465-2012-000021호

값 18,000원

ISBN 979-11-6372-156-7 93370